Uli Hannemann

Eintracht Braunschweig

Fußballfibel

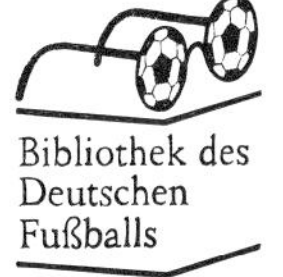

Herausgegeben von Frank Willmann

Autor:
Uli Hannemann, geboren 1965 in Braunschweig. Er lebt und arbeitet als freier Autor in Berlin und ist dort Mitglied der Lesebühne „LSD – Liebe statt Drogen". Seine jüngsten Buchveröffentlichungen sind der Roman „Hipster wird's nicht" (Berlin Verlag; 2014), die Klassik-Parodie „Die Megascharfe Maus von Milo: 24 neue Arbeiten des Herakles" (Berlin Verlag; 2016) und die Textsammlung „Wunschnachbar Traumfrau" (Voland & Quist; 2017).

Bildnachweis:
alle Uli Hannemann, außer:
Ulla Ziemann: S. 73; Falko Hennig: S. 83; Sergiy Rozhko: S. 135

ISBN: 978-3-944068-73-2
Die Deutsche Nationalbibliothek verzeichnet diese Publikation in der Deutschen Nationalbibliografie; detaillierte bibliografische Daten sind im Internet über http://dnb.d-nb.de abrufbar.

Verlag:
CULTURCON medien
Inh. Bernd Oeljeschläger
Melanchthonstraße 13
10557 Berlin
Telefon 030 / 3439 8440
Telefax 030 / 3439 8442
www.culturcon.de
Redaktion und Lektorat: Nelly Möller
Gestaltung und Satz: Burkhard Kehl, Berlin
Coverentwicklung: Marcus Gruber, Berlin
Druck: Florian Isensee Gmbh, Oldenburg

Abstieg ist ein bisschen wie Sterben. Aus der Dritten kommen wir. In die Dritte gehen wir. Es ist vollbracht, der Zyklus ist vollendet. Asche zu Asche und Staub zu Staub. Und beides auf mein Haupt.

Asche? Staub? Ach was: Scheiße! Kübelweise Scheiße auf und über und vor allem in mein Haupt, wo offenbar bereits genug davon herumschwamm, als ich die aktuelleren Passagen dieses Buchs verfasste. So schwallte, schwurbelte und schwadronierte ich zum Zeitpunkt der Manuskriptabgabe Anfang 2018 von einer reinen „Ergebniskrise" (Kapitel „Katharsis"), und outete mich zugleich als treuen Lieberknecht-Jünger. Das hat im Nachhinein viel von einem Quacksalber, der dem Patienten versprochen hat, seine Krebserkrankung mit Eigenurin zu heilen.

Also mit Pisse. Was für eine Scheiße!

Natürlich habe ich gewissenhaft gegrübelt, ob ich schon derart früh im Text Fäkalvokabular in Anschlag bringen solle. Womöglich lesen hier ja Kinder mit. Doch nach langen Sekunden des inneren Ringens war ich mir sicher: ja. Denn erstens passt das hier am besten. Und zweitens gebe ich auf diese Weise eine kostenlose Vorschau auf den Sprachstil, der auch den Rest des Buches prägen wird. Die Eltern können nun schon auf den ersten Blick entscheiden: „Wir zahlen doch nicht ein Schweinegeld, um unserem Kind an der Herz-Jesu-Sesamschule von Barfüßernonnen Mund und Ohr mit der Seife des guten Worts auswaschen zu lassen, nur damit so eine Broschüre des Satans mit einem Schlag die teure Wohlerzogenheit zernichtet."

Das können sie freilich sagen. Die faire Chance gebe ich ihnen. Arschlöcher.

Die verbleibenden Leser aber werden zu Zeugen meiner mangelnden Voraussicht, meines drittklassigen (sic!) Analysevermögens, meines minderen Fußballsachverstands, kurz meines punktuellen Vollversagens. Wie im Fieber fabuliere ich hundert Seiten weiter von meiner Befürchtung, ein Teil des Anhangs werde meinen geliebten Trainer mit seiner Ungeduld vergraulen. Das geschah aber nicht – die Folge: An den letzten drei Spieltagen der Saison 2017/18 krachte die Stabilität vollends ein, mit dem Tiefpunkt einer feierlichen Seebestattung bei der anderthalbten Mannschaft von Holzbein Kiel: Bielefeld reloaded.

Nun ist der Trainer weg, die Spieler türmen in Scharen, als trampelte Godzilla hinter ihnen her; so ganz nebenbei konnte auch keines der wichtigsten Nachwuchsteams die Klasse halten, als wäre Abstieg ansteckend. Einen Gewöhnungseffekt besitzt er allemal: Diesmal meint man mehr Sarkasmus und Gleichgültigkeit als Tränen zu spüren. Abstieg ist eben doch kein bisschen wie Sterben, sondern eher wie ein Backunfall mit Salz statt Zucker im Kuchen. Der Anhang harrt in Agonie, alles bröselt, alles bricht. Und der saubere Herr Fachschriftsteller will nichts geahnt haben!

Zum Glück aber ist die vorliegende Fibel kein Produkt des Bundesamts für Statistik, sondern Prosa, eine persönliche Coming-of-Age-Geschichte in Blau-Gelb, garniert mit Gesellschafts-, Kultur- und Fankulturkritik. Vieles ist wahr, manches verzerrt, einiges auch rotzfrech erfunden. Oder faktisch inzwischen ebenso Vergangenheit wie die Person des Trainers und die Spielklasse. So liegt die WM in Russland bei mir noch in relativ ferner Zukunft, der HSV ist noch nicht abgestiegen und Mario Gomez spielt noch in Wolfsburg, wo er ja eigentlich naturgemäß auch hingehört.

An letzterem Beispiel sieht man, dass Fakt und tiefere Wahrheit oft zwei verschiedene Dinge sein können. Beziehungsweise Ansichtssache. Denn das ist ja das Schöne am Fußball: jene vollkommene Subjektivität des Moments, eine bombastische Schwarmhirnlosigkeit, die aus Zehntausenden wirr durch- und gegeneinander schwimmenden Fischlein am Ende doch wieder eine Einheit formt. Es versteht sich von selbst, dass in einer solchen Welt der Irrationalität so etwas wie ein Videobeweis im Grunde keinen Platz haben kann.

Henrik Pedersen wird nun also als Übungsleiter bei Eintracht Braunschweig sein Glück versuchen. Hoffentlich beginnt damit nicht wieder eine Zeit, in der sich die neuen Trainer gegenseitig die Abfindungen in die Hand drücken. Aber was soll's? Stampfen wir die Auflage halt ein und machen dann ein zweites, noch aktualisierteres Vorwort. Und beim nächsten Trainer dann vielleicht ein Klebeetikett vorne drauf? Und beim übernächsten bloß noch so einen eingelegten Waschzettel? Und danach ein Stempel? („Viertes Vorwort. Neururer entlassen. Alles falsch!")

Nein, das muss jetzt reichen. Das meiste, was hier steht, ist ohnehin zeitlos. Und schließlich ist die Bibel ja auch nicht mehr brandaktuell und wird trotzdem noch gelesen.

Uli Hannemann
Berlin, den 1. Juli 2018

Initiation 8

Stolz 22

Tradition 34

Tempel 48

Kreuzzug 62

Hass 74

Erbfeind. 100

Heimat 110

Resignation 120

Rückzug. 128

Katharsis 140

Initiation

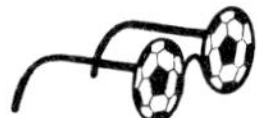

„The first cut is the deepest / But when it comes to being lucky, he's cursed …"
(Cat Stevens: „The first Cut is the Deepest"; 1967)

Prolog I. Meine Braunschweiger Großmutter, die im Jahr 2006 im gesegneten Alter von 97 Jahren den Silberlöffel mit den eingeprägten Initialen ihres Mädchennamens zurück in die Große Küchenschublade legte, erzählte uns die immer gleichen Kindheitsanekdoten. Was wir wann, wo, wie und wie lange Drolliges gesagt oder getan hätten. Wie geguckt. Was gegessen. Was nicht gegessen.

Zu den wohl am häufigsten erzählten Begebenheiten gehört diese: Bei einem Besuch in Braunschweig hatte mein großer Bruder den Wunsch geäußert, das Eintracht-Stadion zu besichtigen. Was wir dann auch taten. Wir hatten Sommerferien, es war noch vor der Saison, und wir latschten einfach durch ein offenes Tor hinein. Es gab keine Kontrollen, keine Führungen, nichts. Wir guckten. Ein Platzwart mähte den Rasen. An mehr erinnere ich mich nicht.

Großmutti aber schon. „Weißt du noch?", hub sie bei jeder späteren Gelegenheit, sprich noch etwa weitere fünfunddreißig Jahre lang, an. Ihre Augen leuchteten. Ich war schon ein lustiger, kleiner Kauz gewesen. Nun nicht mehr. Schade. „Weißt du noch, wie wir damals zusammen im Eintracht-Stadion waren? Und du warst ganz enttäuscht. Du hast gefragt: ‚Und wo sind jetzt die ganzen Fahnen und Trommeln und Trompeten? Und die ganzen Leute?' Du hast gedacht, die stehen dort alle einfach immer so rum. Auch zwischen den Spielen. Und warten."

Oft erzählte sie diese Geschichte. Aber kein Vorwurf. Denn erstens fasele ich selbst schon lange immer nur dasselbe. Zweitens ist der Vorfall bezeichnend für meine frühe Servicementalität. Drittens bin ich froh, dass an Nummer eins der Kindheitsanekdoten nicht die Sperrung des Schwimmbeckens im Freibad Schöppenstedt stand, in das ich als Dreijähriger gekackt hatte. Auch wenn die Rangfolge wahrscheinlich nur einer instinktiven Scheu des bürgerlich-protestantischen Milieus vor Fäkalthemen zu verdanken war. Und viertens zieht natürlich jede Großmutter die Erinnerung an das goldige Geplapper der Enkelchen einer ernüchternden Gegenwart vor: Mehrmals im Jahr (oder soll man sagen: während der Saison?) poltert ein angeblich mit ihr verwandter, angetrunkener Riese unangemeldet in ihre Wohnung, um die Schubladen mit unverfrorener Offenheit nach Schmuck und Essbarem zu durchwühlen. Seine Weste, seine Hose, sein Schal sind mit Bier getränkt und mit Senf bekleckert. Sie schämt sich vor den Nachbarn. Und wie er stinkt! Außerdem ist er unangenehm laut. Sie zuckt jedes Mal zusammen, wenn er unvermittelt losbrüllt: „Eintracht!“ oder „Was steht an jeder Ecke: Hannover verrecke!“ oder „Dreinull gegen Göttingen, jawollo, jaha!“, da er sowieso nur wegen irgendeines Fußballspiels in der Stadt ist.

Ach ja, die Eintracht. Die mochte der kleine Uli doch auch so gern. Hab ich euch das schon erzählt? Hab ich bestimmt nicht. Wie der einmal mit seinem Bruder im Stadion. Die Trompeten. So enttäuscht. Und die Fahnen. Immer da. Hat er tatsächlich gedacht. Das war so komisch. Wir haben alle gelacht. Nur er nicht, er hat dann so ’ne niedliche kleine Schnute gezogen. Die Großmutter seufzt. Hoffentlich verschwindet der böse Mann hier bald wieder aus ihrem Zimmer, der sich nebenher auch noch damit brüstet, ein guter Freund des berüchtigten Neonazis „SS-Siggi“ zu sein. Sie fühlt sich unwohl. Die schlimme Zeit will sie nicht noch mal erleben. Braunschweig war komplett zerstört worden.

Prolog II. Die Pausenbrote unter meinem Bett müffelten in verschiedenen Stadien der Zersetzung vor sich hin. Jeden Tag nach der Schule pflegte ich sie zu Hause heimlich aus dem Ranzen zu ziehen und unter dem Bett zu verstecken, wo schon viele ihrer kleinen Kameraden auf sie warteten und die Neuankömmlinge willkommen hießen.

Ich sah jeden Tag nach den Broten. Sie entwickelten sich prächtig. Neues Leben entstand, die Farbskala wurde um bis dahin nicht gekannte Stufen erweitert. Und wurden nicht die blauen und gelben Töne zunehmend dominant, während Grün und Braun zurückgedrängt wurden? Strukturen entwickelten sich, die, hätte ein auf Gegenständliches spezialisierter Kunstfotograf sie unter starker Vergrößerung aufgenommen, ihm zum sicheren Durchbruch verholfen hätten. Wenn ich die Augen halb zukniff, meinte ich mit der Zeit sogar die Silhouette eines Löwen zu erkennen. Schließlich aber zerfiel doch jede Form zu Staub und alles wurde schwarz. Nur das stabile Butterbrotpapier verhinderte, dass die Substanz sich in sämtliche Winde verstreute.

Warum entsorgte ich das Zeug nicht einfach? Sonst würde es doch nur Ärger mit meiner Mutter geben. Aber vermutlich wollte ich unterbewusst genau das provozieren. Instinktiv wusste ich wohl, dass es solche Konfrontationen sind, die einen hart machen fürs Leben, es aber auch durch den ihnen innewohnenden Nervenkitzel versüßen. Und ich würde noch sehr viel Zähigkeit brauchen, dazu einen an Todestrieb grenzenden Masochismus, eine Liebe zum Leiden, die selbstzerstörerische Lust, mich im Schlamm des Schmerzes, der Demütigung, der Niederlage und des steten Abstiegs zu suhlen. Denn bereits in meiner relativ frühen Kindheit stellten sich die Weichen, der Schicksalszug fuhr in umgekehrter Wagenreihung auf ein Abstellgleis und landete dort unsanft an einem Prellbock. Auf dem stand: Eintracht Braunschweig.

Ich wuchs in Oberbayern auf. Wenn man das überhaupt „aufwachsen" nennen möchte: Durch Zuführung von Atemluft sowie der notwendigsten Nahrungsmittel wurde ich irgendwie am Leben erhalten und dabei zwangsläufig größer. So ist die Natur, die allein durch ihre Beharrlichkeit alles besiegt. Wie ein schwaches Pflänzchen, das den Asphalt zu durchbrechen vermag, bahnte ich mir den Weg durch die Härten meiner jungen Existenz.

Wir waren aus einem norddeutschen Städtchen namens Braunschweig zugezogen. Meine ersten fünf Lebensjahre hatte ich dort im Heidberg verbracht, einer gesichtslosen Plattenbausiedlung, die man gerade frisch aus mehreren Morgen Maulwurfskot gestampft hatte. Anfangs gab es noch nicht mal einen Supermarkt. Da kam der idyllische Alpenrand wie gerufen. In einer Region, in der verzweifelt Botschafter der Zivilisation gesucht wurden, war in den 1970er Jahren jeder aufrecht gehende Mensch willkommen. Im bayerischen Hinterland galten wir dennoch als „Saupreißn", wie die von Viehzucht, Ackerbau und der Vermietung von Fremdenzimmern lebenden Einheimischen uns nicht ohne einen Anflug spröder Zuneigung nannten.

Bizarrerweise war ich der einzige, der Lederhosen trug. Die bayerischen Kinder trugen keine. Warum hätten sie das auch tun sollen? Allenfalls bei Eingeborenentänzen für die Touristen oder zu „kirchlichen Anlässen", wie sie die mit ihrer merkwürdigen Vielgötterei verbundenen Riten nannten. Sankt Nimmerlein, Sankt Obatzd, Sankt Maderl und wie sie alle hießen. Allerdings hatten ihre Lederhosen weder einen Plastikhirschen auf dem Brustlatz, noch stammten sie aus einem Braunschweiger Laden für Kinderbekleidung, wo meine Mutter sie einst für meinen großen Bruder gekauft hatte. Immer wenn der rausgewachsen war, war ich reingewachsen. Die Ökonomie der Familienplanung gehörte noch zum Einmaleins des Bildungskanons.

Ich wurde in eine Grundschulklasse gesteckt und weinte die meiste Zeit über. Alles war fremd. Die Lehrerin stellte mir dann jedes Mal einen Plastikbecher hin: Das sei das „Tränenbecherle". Nun weinte ich noch mehr, während die anderen Kinder lachten. Sie fassten mich an und machten komische Geräusche mit dem Mund. Ich verstand nichts von der fremden Sprache, war mir zunächst wohl auch nicht sicher, ob es sich überhaupt um eine solche handelte. Allzu wenig hatte das an dumpfe Tierlaute erinnernde Blöken mit der majestätischen Lingua Immanuel Kants und Heinrichs des Löwen zu tun, wie ich sie zu Hause von der Pike auf erlernt hatte.

Sobald ich den landesüblichen Kniff heraus hatte, beim Sprechen die Kiefermuskeln bretthart zu versteifen, um die langen und widernatürlich breiigen Diphtonge zu bilden, konnten wir uns endlich notdürftig verständigen. Nun wollten meine Mitschüler wissen, woher ich denn käme? Aus Braunschweig, so so. Sie versuchten den Namen der Stadt, von dem hier noch nicht einmal die Lehrerin gehört hatte, nachzusprechen. Es gelang ihnen nicht. Dem Klang am

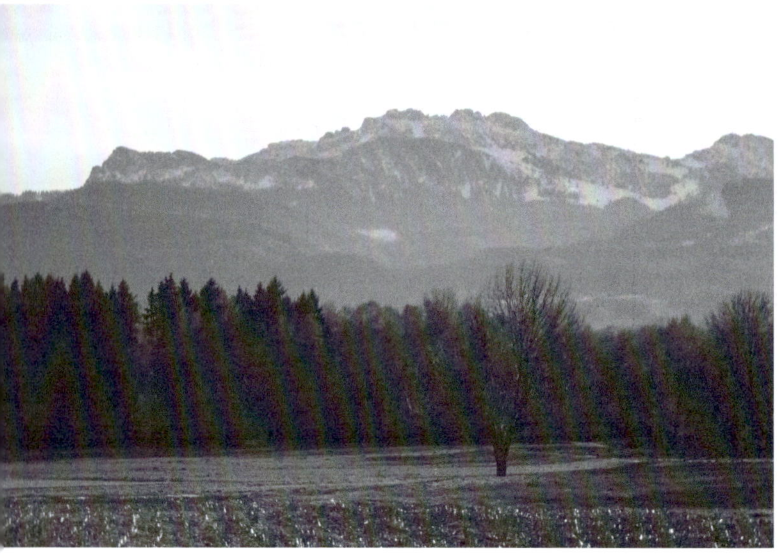

Da kam der idyllische Alpenrand wie gerufen.

nächsten kam noch der Junge des Ortsvorstehers, der als einziger auch Schuhe trug anstatt nur Binsenwickel um die nackten Füße.

Doch weitgehend mied man mich, da wir evangelisch waren und folglich mit dem Teufel paktierten. Gewiss, man verkloppte mich regelmäßig und stahl mir Brille, Gummistiefel und Lederhose. Doch man benutzte dazu Knüppel und Dreschflegel, um mich nicht direkt berühren zu müssen, und vermied auch jeglichen Augenkontakt.

Nur wenige Jahre früher wären wir einfach auf dem Marktplatz verbrannt worden. Neuerdings jedoch förderte die bayerische Regierung die Ansiedlung sprach- und schriftkundiger Fremder, um die frisch erblühende Wirtschaft zu stützen. Für die Neubürger aus dem Norden stellte man sogar eigens die Amtssprache auf Deutsch um. In größeren Ortschaften wurden kleine protestantische Kirchen errichtet, kahle und zweckmäßige Betbedürfnisanstalten, in denen wir ungestraft unserem Ketzer-Kult nachgehen durften. In diesem Punkt, der Religionsfreiheit, wandelte Franz Josef Strauß auf den Spuren Friedrichs des Großen, des „Großen Saupreißn", wie er im Geschichtsunterricht genannt wurde.

Auch unsere Ernährung war den Einheimischen fremd. Zweimal durfte ich Mitschüler zum Essen nach Hause bringen, beide Male endete der Versuch mit einem Debakel: Als das Essen – Grünkohl, Labskaus, Salzheringe und Kopfsalat mit Zucker und Zitronensaft – aufgetragen wurde, bekreuzigten sich laut weinend die kleinen Besucher und suchten sofort das Weite. Sie hatten bis dahin nur die hiesigen Spezialitäten – Schweinderl, Saubeutel, Wammerl und Sparifankerl – kennengelernt und so sollte es auch bleiben. In den auf diese Vorfälle folgenden Nächten flog uns schon mal der eine oder andere Wackerstein durchs geschlossene Küchenfenster. Oder ein auf dem Kopf stehendes Kruzifix stak brennend in einer verwesenden Gemse, die man heimlich vor der Haustür abgelegt hatte. Meist aber beruhigte sich die Lage schon nach wenigen Monaten wieder.

Nun habe ich aber einen etwas alteren Bruder. Im Gegensatz zu mir, der ich schon soziophob in der Wiege lag, gelang es ihm rasch, mit den bayerischen Kindern in Kontakt zu treten. Ich hängte mich da einfach dran. Und er war stets neugierig, während ich, bereits vom Wechsel der Jahreszeiten überfordert, oft nur grübelnd im Heizungskeller saß.

Er also war es, der das neue Ding mitbrachte: Es gab da in der Stadt, aus der wir kamen und in der weiterhin unsere Großeltern lebten, einen Verein: Eintracht Braunschweig. Die waren ganz toll, der heiße Scheiß, das kommende Ding, der ehemalige und sicher bald auch wieder zukünftige Deutsche Meister. Ihre Farben waren ein schrilles Gelb und Blau, das sie von allen anderen Vereinen in Deutschland unterschied, die sich in ihrer erbärmlichen Einfallslosigkeit fast durch die Bank für die Kombinationen Blau-Weiß oder Rot-Weiß entschieden hatten.

Über Fußballvereine hatte ich mir bis dahin herzlich wenig Gedanken gemacht, obwohl ich selbst ständig kickte. Mein Bruder nahm mich mit, und fast jeden Tag stellten wir auf einer Weide vom Straßenrand entführte Schneestangen auf und umdribbelten Gegenspieler und Kuhfladen. Von Netzer, Müller, Beckenbauer hatte ich da noch nie gehört. Geschweige denn von Gersdorff, Bründl oder Häbermann. Heute, da jedes Kleinkind in Bayern-Bettwäsche schläft und Namen wie Pierre-Emerick Aubameyang aussprechen kann, noch bevor am Fahrrad die Stützräder abmontiert werden, ist das schwer zu glauben.

Aber der Hype war nicht vergleichbar, die Medienpräsenz des Fußballs eine völlig andere. Zum Teil wurden sogar von EM-Qualifikationsspielen nur Ausschnitte gezeigt. Die Spieler konnten oft kaum sprechen. Bauernschlau versuchten sie es auch gar nicht erst, anstatt sich wie heute als Co-Kommentatoren zu betätigen. Viele Sportjournalisten hatte man offenbar zu entnazifizieren vergessen. Mit markig schnarrender Wochenschau-Stimme ließen sie „Angriffe rollen“ und „hünenhafte Stürmer triumphieren“. Da war es besser, dass nur Großereignisse übertragen wurden, sonst hätte es wohl wieder Krieg gegeben. Die Nationen wirkten alle noch ein bisschen nervös.

Dies nur zur Erklärung, warum ich trotz meiner Begeisterung fürs Bolzen zunächst so unbeleckt vom „großen“ Fußball blieb. Noch dazu, da ich im Vergleich zum Durchschnittsdeutschen unter erschwerten Bedingungen aufwuchs: Denn wir waren Raum Dresden im Kleinstformat, ein Haushalt ohne Westfernsehen. So etwas gab es nämlich auch im Westen.

Bei uns zu Hause wurden das gute Buch, das kluge Wort und die stille Andacht bevorzugt. Schon Musik galt als der Zeitvertreib der Flatterhaften, doch richtig böse war das Fernsehen. Erwachsene, die fernsahen, wurden fett, faul, verrückt oder Verbrecher. Kinder aber wurden krank und dumm davon. Wie Parasiten, so die feste Meinung mancher Eltern, bohrten sich die TV-Bilder in das noch formbare, weiche Hirn des Kindes und zersetzten Gefühl, Verstand und Konzentrationsvermögen. Dass sich das im Nachhinein auch noch als wahr herausstellte, entlarvt meinen polemischen Grundton nunmehr als uneinsichtiges Geschwätz.

Doch auf einmal wurde alles anders. Das hatte gleich mehrere Gründe. Zum einen wurde schließlich doch ein Fernsehgerät angeschafft – ich weiß nicht mehr, ob das geschah, um die Schädlichkeit der Höllenmaschine zu demonstrieren, bevor man sie rasch wieder weggab, oder ob meine Eltern sich, durch Buch, Wort und Andacht seelisch gestärkt und gegen das Böse quasi immun, nun endlich auch einmal selbst bewegte Bilder reinziehen wollten. Wir Kinder wurden jedenfalls durch ein weitgehendes Generalfernsehverbot geschützt.

Allerdings galt das nicht für die Fußball-WM '74, die gerade begann. Sie bot Gelegenheit, die Spielszenen von der Kuhwiese mit denen im Fernsehen abzugleichen, und sie hie und da in eine leichte Kongruenz (Jugoslawien – Zaire 9:0) zu bringen. Vor allem aber weckte sie Träume, Wünsche, Sehnsüchte und Begeisterung. Man musste gar nicht die ganze Zeit rennen, streiten, stolpern, plärren und in frische Kuhscheiße fallen. Fußball konnte man auch einfach gucken.

Und man konnte darüber reden. In der Schule, auf dem Pausenhof. Der inzwischen errungene WM-Titel wirkte wie ein gewonnener Weltkrieg. Das Wunder von Bernd Hölzenbein. Fußball gehörte nun zu den Königsthemen, auch wenn er noch nicht ganz an „Schweinchen Dick", „Bonanza" und „Daktari" heranreichte. Es konnte sogar passieren, dass die kleinen Müllers und Maiers vor Begeisterung vergaßen, mich zu verhauen und meine Brille zu verstecken. Allerdings ging es fast die ganze Zeit nur um „die Bayern". Die Nationalelf, der Weltmeister, war ja praktisch mit dem FC Bayern München identisch. Der TSV 1860, die andere regionale Größe, lag in einem ersten von noch so vielen nachfolgenden Dornröschenschlummern und sollte erst später, bei den cooleren Mitschülern auf dem Gymnasium, wieder eine Rolle spielen. Die Bayern waren hingegen – damals wie heute – eher der Verein für kleine Kinder, nichtbayerische Trittbrettfahrer sowie die Bayern vom Land. Sechzig stand mehr für die Stadt München, Sechzig war für Erwachsene.

1974 aber war auch das Jahr des Wiederaufstiegs des BTSV von 1895 Eintracht e.V. Damit rückte der Verein zeitgleich mit meiner Indoktrination durch den Bruder auch wieder in den Fokus der Öffentlichkeit. Das schließlich war der ausschlaggebende Faktor für den Ausbruch meiner Krankheit. Denn Kinder sind keine Groundhopper, die sich Schals von skurrilen albanischen Zweitligisten übers Bett hängen. Kinder sind keine Nerds. Sie werden vom Spektakel angezogen. Auch lieben sie es, auf der Siegerseite zu stehen. Und hier ist der entscheidende Fehler im Keim angelegt: Ich rutschte in einem kurzen Erfolgszeitfenster in meine Vereinsliebe hinein und blieb dort kleben. Für das kurze Glück bezahlte ich mit Jahrzehnten des Jammers, und ich schreibe hier nicht von Crystal Meth.

Die Sportschau am Samstag brachte die Kurzberichte von drei ausgewählten Partien. Aus acht, versteht sich, denn auf die Idee, den Spieltag wie NSU-Akten in unkenntliche Fetzen zu schreddern, war man noch lange nicht gekommen. Lediglich eine Freitagsbegegnung verströmte den Hauch einer milden, modifizierten Exotik, wie sie für die Sechziger- und frühen Siebzigerjahre typisch war und in Schlagern wie „Zwei Apfelsinen im Haar“ von France Gall ihren vornehmsten Ausdruck fand. Ein vorsichtiger kultureller und gesellschaftlicher Aufbruch hauchte der Bonner Republik eine erste leise Idee von Unernst und Leichtigkeit ein. Einigen Alt-Nazis in hohen Ämtern wurden, kaum dreißig Jahre nach dem Krieg, die Stühle langsam doch so heiß, dass sie auf die geplante Karriere als Reichsbundeskanzler verzichteten. Die Autos waren schön, die Häuser hässlich, die Fußballspieler trugen lange Haare und als Trikotshorts eine Art Hotpants. Warum niemand darüber lachte, ist mir beim Betrachten der alten Bilder schleierhaft. Doch damals wurde ohnehin nicht viel gelacht. Das Lachen galt als eine ähnlich obszöne und überflüssige Luxusregung wie das Weinen. „Wenn du nicht sofort damit aufhörst, dann weißt du gleich, warum du heulst“, war ein Mantra damaliger Erziehung.

Am ersten Spieltag zeigten sie doch tatsächlich das Aufsteigerduell. Eintracht Braunschweig gegen Tennis Borussia. „Unsere“ Jungs, was sie für mich spätestens von diesem Tag an waren, zerlegten den Zwergaufsteiger aus der ausschließlich von Drogensüchtigen und Faulenzern bewohnten Frontstadt Westberlin gleich mal mit 5:0. Hätten nicht die Offenbacher Kickers die müden Weltmeister aus München mit 6:0 vom Platz gefegt, hätte der erste Tabellenführer der Saison 1974/75 Eintracht Braunschweig geheißen.

Auch mein Bruder sprach von „wir" – kein Wunder, hatte er mit dem Scheiß doch überhaupt erst angefangen. Allerdings sollte sich bei ihm die Begeisterung nur als kurze Phase entpuppen. Nach wenigen Jahren verlor er die Lust und wandte sich sinnvolleren Steckenpferden zu. Ich hingegen, der ich ihm ja zunächst immer alles nachzumachen pflegte, blieb an diesem giftigen Quatsch hängen. Es ist sicher kein Zufall, dass er heute einen ehrenwerten Beruf ausübt, während ich als elender Lohnschreiber vor mich hin vegetiere. Aber vielleicht ist ja daran auch gar nicht die Eintracht schuld, sondern das leidige Mittelkindsyndrom. Vielleicht hätte ich die Pausenbrote doch essen sollen, dann wäre das Wachstum meines Gehirns nicht so jäh gebremst worden.

Aber zunächst einmal sah es gut aus für die Eintracht, während Beckenbauer und Co. sich von Eigentor zu Eigentor schleppten und irgendwo um Platz 15 herumdümpelten. Ich weiß gar nicht mehr, ob es damals normal war, dass Neunjährige die Zeitung lasen, aber ich tat es. Studierte zumindest die Ergebnisse, die Torschützen, die Tabelle. Die blieb noch lange recht erfreulich. Das Betrachten eines positiven Tabellenbildes übt auf mich bis heute fast so eine Art präerektilen Effekt aus.

Ich hatte nun die Eintracht als Distinktionsfaktor für mich entdeckt. Hatte etwas eigenes, eine Marke, die sich signifikant von der der anderen unterschied. Auch Gruppen-Codes gab es schon, aber das war eher ein Phänomen für Jugendliche als für Kinder. Für mich war die Erfahrung der Exklusivität viel wichtiger. Was mir gehörte, war wertvoll, verlieh mir Macht und gab mir das Gefühl der Besonderheit. Es war allein meins und es fühlte sich warm und weich an. Verwandte Mechanismen kennt die Psychoanalyse von der analen Phase.

Das funktionierte natürlich nur, weil die Eintracht auf die Landkarte des großen Fußballs zurückgekehrt war: Sportschau, Sportstudio, Presselandschaft. Ich stieg in der Achtung meiner Mitschüler. Ich verkörperte für sie nun quasi eins zu eins einen Bundesligaverein, der besser spielte und in der Tabelle stand als die Bayern, die zumindest zu Beginn jener Saison an das Alte Rom erinnerten, das in Dekadenz erstickend seinen letzten Tagen entgegentaumelt, eine wohlfeile Schlachteplatte für Hunnen, Goten und Vandalen. Der Europacupsieg, die Weltmeisterschaft hatte ihnen den Rest gegeben. Meine Braunschweiger hingegen waren hungrige Löwen.

Unter dem Eindruck, wie Fußball aussehen konnte, wenn man ihn ernsthaft betrieb und fleißig übte, wuchs dann auch meine aktive Leidenschaft weiter. Gewiss würde ich irgendwann Nationalspieler werden – daran hatte ich wenig Zweifel.

Folgerichtig landete ich bald beim örtlichen Fußballverein. Passen, Stoppen, Kopfballpendel – alles Dinge, die ich heute, im Herbst meiner schmucklosen Ballspielkarriere, ebenfalls ganz gut gebrauchen könnte, aber sei's drum. Wir trugen längsgestreifte Schnürtrikots, die sich, wie auch der Ball, bei Regen zentnerschwer vollsaugten. Heute bemüht man die Bezeichnung „Traditionstrikots", damals sagte man einfach Gegenwart dazu. Taktisch lernten wir ein System, das sich wie anno 1954 5–3–2 nannte, mit „Ausputzer" und Halbstürmern. Auch in der E-Jugend (noch jünger gab's nicht) spielten wir auf Großfeld mit Originaltoren (andere gab's nicht). Am besten also schoss man den Ball einfach hoch über den armen Knirps, der im Tor stand, hinweg. Wenn einem das nur oft genug gelänge, würde man früher oder später garantiert selbst bei Eintracht Braunschweig landen. Unerhörte Wege schienen auf einmal offenzustehen.

Blöd war nur, dass ich mich als mäßig begabt herausstellte. Gehörte ich auf den Kuhweiden der Umgebung noch verlässlich zu den oberen Zehntausend, war ich im Vereinsfußball bestenfalls Durchschnitt. Doch umso mehr berauschte ich mich an den Leistungen der Braunschweiger Eintracht. Es waren die Siebzigerjahre, eine letzte kurze Hochzeit des Clubs, bevor er, zwar nicht linear, doch in spiralförmigen Abwärtsbewegungen, in eine tiefe Versenkung hinabtrudelte.

In jene Zeit fiel wohl auch der erste Probebesuch des leeren Eintracht-Stadions, verbunden mit der sattsam genannten Enttäuschung. Doch anlässlich eines weiteren Besuchs bei den Großeltern war es schließlich so weit: Wir wurden ins Stadion mitgenommen, zu einem Spiel. Und schau einer an, alle waren sie da: die Zuschauer, die Fahnen und die Trompeten. Ging doch.

Die Großeltern waren schon alt. Also, sogar noch älter, als ich es heute bin. Mit Fußball hatten sie, wie die meisten Altersgenossen mit Abitur und Anstand, herzlich wenig zu schaffen. Es war längst nicht wie heute, da man in die Alte Försterei oder ins Weserstadion gehen und dadurch seinen Status als metrosexueller Checker sogar noch unterstreichen kann. Aber für ihre zu jener Zeit noch niedlichen und auch nüchternen Enkelchen taten sie so ziemlich alles. Die Enttäuschung des leeren Stadions musste endlich getilgt werden, um einer mächtigen und langlebigen Erzählung Raum zu schaffen: Das volle Stadion musste her.

Im Hofstaat meiner Ahnen wirkte die Personal Facility Managerin Frau S. Zur Familie der Frau S. gehörte ihr Mann, Herr S., ein erwachsener Sohn, Herr S. jun., dessen Frau, Frau S., sowie eine halbwüchsige Tochter, Frl. S. Herr S., Frau S. (nicht zu verwechseln mit Frau S., der Putzfrau meiner Großmutter), Herr S. jun. und Frl. S. nahmen meinen Bruder und mich mit zu unserem ersten Heimspiel. Es ging vor 30.000 Zuschauern gegen den 1. FC Köln und war ein Spitzenspiel der 1. Bundesliga.

Dieser Fakt will betont sein, denn wäre es, wie über weite Strecken meines (Fan-)Lebens nur gegen Lüneburg oder Unterhaching um das nackte Überleben in irgendeiner Liga gegangen, die alle paar Jahre ihre Bezeichnung, ihre Zusammensetzung und damit den Grad ihrer immanenten Hoffnungslosigkeit änderte, wäre vielleicht gar nichts passiert. Ich wäre jetzt Professor, Bankdirektor oder Staubsaugervertreter und würde Halmasteine aus Jade sammeln. Ich hätte ein Haus am See. Meine fünf Kinder hießen Jil, Jaden, Jacob, Jason und Jane-Katherine. Meine Frau läse das neue „Lena Wohnen Hygge“ und stellte täglich im ganzen Haus Kerzen auf, als wäre einer gestorben. Doch es stirbt nie einer, nicht bei uns. Dazu ernähren wir uns viel zu bewusst. Ich hätte eine Sitzplatzdauerkarte bei der TSG Hoffenheim.

Wäre es Lüneburg gewesen. „McDonald’s am Bohlweg präsentiert Ihnen die heutige Zuschauerzahl: Eintracht Braunschweig bedankt sich bei dreitausendvierhundertzweiunddreißig Besuchern.“ Wir wären wahrscheinlich gar nicht hingegangen.

So aber standen wir inmitten einer tobenden Menge auf den hohen, unüberdachten Stehrängen der Gegengerade. Wir waren nun Teil der von so vielen Schwarz-Weiß-Aufnahmen bekannten Optik des alten Stadions. Mein Bruder und ich standen auf kleinen mitgebrachten Holzhockern, um überhaupt etwas sehen zu können. Man konnte praktisch alles mitbringen: Holzhocker, Schnapsflaschen

Mörsergranaten. Es kümmerte kein Schwein. Wir aßen Bananen, die Großmutti der Familie S. für uns mitgegeben hatte. Damit wir „uns stärken konnten". Ständig musste man sich stärken. Und die Hände waschen. Hätte man nur eins von beidem unterlassen, wäre es lebensgefährlich geworden. Aber ich will mich nicht beschweren. Immerhin waren wir ja bei der Eintracht, dem einzigen, dem letzten Stolz, der grauen Perle des Zonenrandgebiets.

Ja: Stolz. Ich war stolz, dort zu sein, schon als Kind Teil einer großen und starken Gemeinschaft der Männer – vor allem Männer –, die passenderweise Eintracht hieß wie eine Burschenschaft oder Schrebergartenkolonie. Man fühlte, dass alle dasselbe wollten, man spürte die Tradition, das Stadion war eine Burg, die Spieler waren Helden, die die Heimat und die Burg verteidigten. Die kindliche Freude an Gesängen und Brimborium, am Pathos, an der Masseneuphorie und daran, in ihr aufzugehen für ein gemeinsames, abstraktes Ziel, ist genaugenommen schon bedenklich. Ich war manipuliert, ich war begeistert, ich war ein Pimpf.

Die Kehrseite der Medaille war, dass ich schon bald in einem Sumpf aus Selbsthass, Verzweiflung und Fanatismus versinken sollte, der lange Zeit zu Lasten jeglicher konstruktiver Lebensäußerung gehen würde. Ein trauriges Los, vor dem ich mithilfe dieser hoffnungslos subjektiven „Fußballfibel" warnen möchte. (Genau genommen handelt es sich um eine Aufklärungsbroschüre. Sie lichtet die Nebel vor unseren Augen und führt bis zur völligen Dekonstruktion meiner Person, meiner Vereinsliebe und des Fanseins überhaupt. Danach wird die Welt des Fußballsports nicht mehr die alte sein.)

Die letzte Aktion meines Bruders pro Eintracht war eine Spende ein paar Jahre später. Nach einem Spiel gegen den HSV (siehe Kapitel „Hass") war ich auf bestem Wege, einer der härtesten Hooligans des Kontinents zu werden und gründete schon mal einen eigenen Fanclub. Ich schrieb einen Brief (No mail, kids! Papier, Füller, Umschlag, Briefmarke …) an den Spieler Michael Geiger, der sich um die verschiedenen Fanclubs der Eintracht kümmerte, um ihm die offizielle Gründung meiner Gang im fernen Oberbayern anzuzeigen. Er antwortete professionell erfreut – er wusste ja nicht, dass ich das einzige Mitglied war und bleiben würde. Doch immerhin gelang es mir, meinem Bruder 20 Mark als „Mitgliedsbeitrag" abzu-

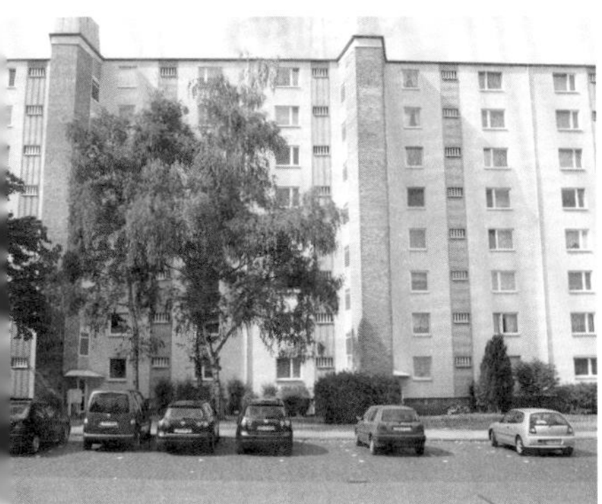

Meine ersten fünf Lebensjahre hatte ich im Heidberg verbracht.

luchsen, die ich ihm auf einem Schmierzettel sauber quittierte. Das war sein Abschied von der Eintracht. Ich glaube nicht, dass er inzwischen überhaupt noch weiß, in welcher Liga wir jeweils gerade spielen.

Der Name des Fanclubs war vollkommen bescheuert. Mit dem rücke ich keinesfalls heraus, obwohl hier ja sonst der Geist der Enthüllung mit harter Hand das Zepter führt. Um nicht zu sagen, der Spirit der genüsslichen Selbstzerfleischung, denn jetzt, beschienen von der Abendröte meiner schriftstellerischen Karriere, kann ich mir das endlich leisten. Nach mir die Sintflut. Ich habe nichts mehr zu verlieren. Auch bin ich, nach all den Lügen, die das Verfassen von Prosa naturgemäß mit sich bringt, meinen Lesern sowie nicht zuletzt mir selbst endlich die Wahrheit schuldig. Die reine und absolute und heilige Wahrheit. Insofern ist dies mein Schlüsselwerk.

Meist wird das Schlüsselwerk ja eher in einer frühen Phase des künstlerischen Schaffens verortet, doch hier kommt es eben mal als letztes. Zur besseren Veranschaulichung stelle sich der Laie die Karriere eines Autors am besten wie ein hochmodernes Sicherheitsgefängnis vor. In einer kleinen Zelle im Innersten des Knastes befindet sich der Schriftsteller. Um zu fliehen, muss er von innen nach außen Sicherheitsschleuse um Sicherheitsschleuse, Gittertür um Gittertür, Buch um Buch im Durchschluss überwinden. Erst nach Aufschließen des letzten Tors mithilfe des Schlüsselwerks, gelangt er in die Freiheit, ans Licht.

Das Spiel gegen Köln endete 0:0. Aber es war ein torloses Unentschieden der besseren Sorte.

Stolz

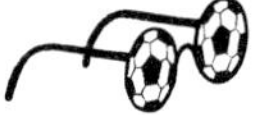

„Sein unbändiger Stolz wird einst noch das Leben ihm kosten!"
(Homer: Ilias, 1. Gesang, Vers 205)

„Was ist das denn eigentlich für ein hässlicher Aufkleber?"

Die das fragte, kannte ich kaum. Sie hatte so einen komischen westfälischen Nachnamen. Also lang und kompliziert wie ein finnisches Kompositum und davor oder auch dahinter irgendwas mit „Braken" oder „Klöter" oder „Brakenklöter". Wenn ich ihn noch wüsste, hätte ich ihn hier sowieso verändert. Ehrensache. Dazu einen ganz kurzen Vornamen.

Ich hatte sie auf einer Party in der *Ankerklause* kennengelernt. Es war tiefster Winter. Eintracht Braunschweig bereitete sich auf eine von vielen Rückrunden in der Oberliga Nord vor, einem kunterbunten Zwischenkonstrukt jener Zeit, das Elemente von Profi- bis Hobbyfußball und von 3. bis 7. Liga unter einem Dach vereinte. In der Pädagogik nennt man das „Inklusion". Ob die Rückrunde gegen die Sportfreunde Ricklingen, den TuS Celle oder den SV Lurup starten sollte, weiß ich nicht mehr und will es auch nicht wissen.

Das Mädchen trug Dreadlocks, was ihre Niedlichkeit kaum schmälern konnte. Das musste man mit der ästhetischen Hypothek erst einmal schaffen, aber wenn man jung ist, geht ja irgendwie fast alles. Und sie war jung. Natürlich waren wir alle jung damals, doch sie war noch jünger. Nach der Party zog man mit irgendwelchen anderen Idioten irgendwohin weiter. Wie man das immer tat, als man noch nicht so früh müde wurde, der Rücken noch nicht schmerzte und man noch nicht alle Menschen hasste, mit Ausnahme von den paar Gesichtern, die man eh schon kannte und deshalb nicht mehr mühsam kennenlernen musste.

In einem Taxi, zwischen den Leuten, die uns das Schicksal und der Alkohol für diesen Abend als Begleiter zugelost hatten, setzten wir unsere Knutscherei von der Party fort. Für sie gewiss der Alltag, für mich eher ein Ausreißer. Meine damaligen Koordinaten (Taxijob, solo und eine vom nachtbetonten Lebensstil in permanente Düsternis getauchte seelische Befindlichkeit) verorteten mich nicht gerade auf der Sonnenseite des Lebens. Im Winter sah ich praktisch kein Licht. Die ewige Nacht senkte meinen Serotoninspiegel auf das Niveau eines griechischen Flüsschens im September. Ich besaß das Charisma eines plattgefahrenen Igels. Vom Dauerwichsen brannten mir schon die Augen. Und zu allem Überfluss war ich nach wie vor Fan von Eintracht Braunschweig. Mir ist bis heute unklar, ob das Ursache, Folge oder einfach ein Symptom meines Gesamtdilemmas war.

Die Oberliga-Situation machte das ganze jedenfalls nicht besser. Sie war *bezeichnend*. Oberliga, das war ich auch selber. Ich spielte quasi permanent auswärts auf einem Sportplatz ohne Zaun und mit drei Stehplatzstufen. Die Medienpräsenz war gleich null. Keiner jubelte mir zu. Was ich bekam – materiell, ideell, emotional – war eine schmale Aufwandsentschädigung, sonst nichts. Kein Wunder, dass ich nach dem Aufstieg lechzte, ohne jedoch die dafür nötige Energie zu investieren.

Bald war es 7.00 Uhr morgens und noch immer dunkel. Die beiden letzten Typen – wie soll ich sie nennen: Mitbewerber, Freier, Konkurrenten? – außer mir waren verschwunden, hatten aufgegeben und sich irgendwo da draußen in der Berliner Nacht in unser aller Wohlgefallen aufgelöst. Tot? Egal. Mit ihr und ihrer Freundin fuhren wir im Taxi zu deren Wohnung in Friedrichshain.

Eisblumen schmückten innen und außen die altersschwachen Doppelfenster. Der Winter in Berlin war früher noch ein richtiger Winter, die Käse hatten große Löcher, Frauen plapperten nicht ständig dazwischen und Reichsbürger hießen noch Vertriebene. Und noch früher schoss Lothar Ulsaß die Eintracht mit zwei fast appen Beinen zum Meistertitel 1967 – Kunststück, im gegnerischen Tor stand ein Kriegsveteran mit gebrochenem Genick, und dem Schieri hatte man einen Sack Kartoffeln in doppelt destillierter Form versprochen. Man hatte ja nichts.

Wir legten uns gleich ab, besser gesagt, verteilten uns wie schmutzige Wäsche im Raum, denn draußen wurde es hell und drinnen nicht wärmer. Den Kohleofen anzuwerfen, lohnte erfahrungsgemäß nicht. Im Grunde wusste auch keiner mehr so richtig, wie das ging. Die meisten von uns waren komfortverwöhnte Bürgerkinder aus Westdeutschland, und das alles hier war für uns bloß eine Art Abenteuerspielplatz. Ein mehrjähriger Survivaltrip mit Fun-Einlage, bevor man eine Familie gründete, in irgendwas mit Kunst oder Literatur reüssierte, sich an die Spitze eines börsenorientierten Unternehmens schlief, arschkroch oder ellbogencheckte, an einer Überdosis Drogen starb oder mit vier räudigen Mischlingshunden im Schlepptau barfuß und in einer nicht exis-

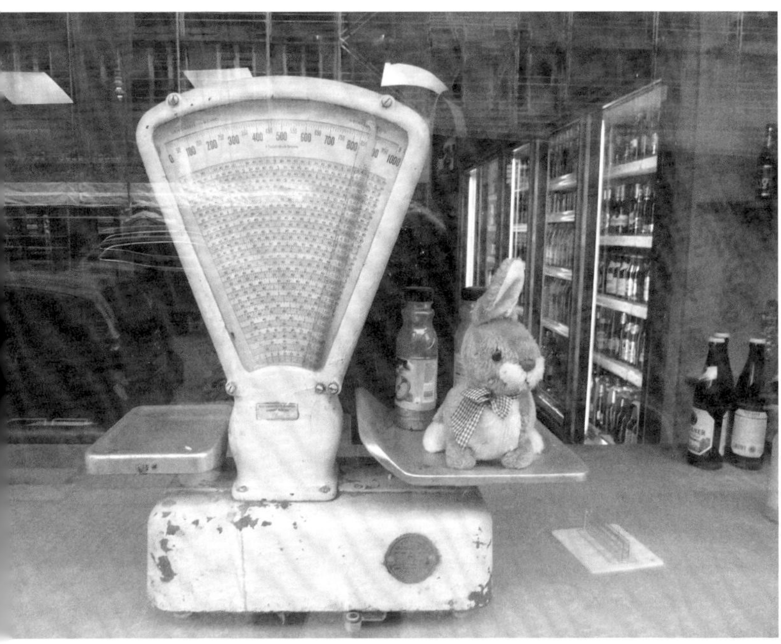

Oder sie stand unter Drogen.

tenten Sprache bruddelnd durch die Straßen lief. Wozu sich da mit Lakaientätigkeiten die Hände beschmutzen, deren effektiver Nutzen überschaubar blieb? Tagsüber wärmte man sich eben unter der Bettdecke, nachts in Bars, Clubs oder Kneipen.

Komisch. Selbst unter dem Einfluss der nun doch langsam einsetzenden Nüchternheit war sie noch immer hübsch, schlau und witzig. Ich fand den Haken nicht und hätte gern den Grund für ihren geschmacklosen Fehlgriff erfahren, denn nichts anderes als ein Irrtum konnte hier vorliegen. Vielleicht vertrug sie gerade keine Kontaktlinsen und war zu eitel, um eine Brille aufzusetzen. Das stellte sich hinterher ja oft heraus. Oder sie stand unter Drogen und hörte mir nicht recht zu. So musste es wohl gewesen sein, denn beim Blick in den Spiegel konnte ich Wetten darüber abschließen, wer zuerst unterwürfig die Augen niederschlagen würde – ich oder mein Gegenüber.

Und wie so oft verliefen die Geschicke meines sportlichen Alter Egos verblüffend parallel zu meinen: In jener Phase verpflichtete die Eintracht jeden Spieler, der zu satt und zu übergewichtig war, um den Fängen der „Talentscouts", die damals noch mit den Trainingskiebitzen oder arbeitslosen Ex-Spielern identisch waren, zu entkommen. Trainiert wurde diese groteske Freak-Show aus frühpensionierten Altstars und Turnbeutelvergessern dann in der Regel von Unbefugten, die es eigentlich gut meinten, doch schlicht im falschen Beruf oder in der falschen Zeit gelandet waren.

Wir machten irgendwie auf dem dreckigen Zimmerboden rum, während über uns im Hochbett ihre Freundin schnarchte. „Wir machten irgendwie rum" mag für die Schilderung der einzigen Sexszene dieses keuschen Werks ein wenig dünn klingen, trifft es aber am besten. This is not a love song. „Liebe für immer", dachte ich dennoch, wie üblich ohne jeden Sinn, Verstand oder Anlass. Die Romantik ist der Patenonkel der Verzweiflung und des ins Leere schießenden Triebs.

Fast mag man an dieser Stelle schon erraten, dass ich in jener Zeit wenig Damenglück hatte. Ich war bei weitem noch nicht jener weltläufige Bohemien und Bonvivant, der ich heute bin, ein George Clooney der Herzen, der mit zunehmender Reife immer attraktiver wird. Ich muss nur daran denken, den Mund geschlossen zu halten. Die Zähne. An denen erkennt man ja schon lange wieder, wer es geschafft hat, und wer nicht. Danke Kohl, danke Schröder, danke Merkel. Danke Karies.

Als wir am Nachmittag nach Austausch der Telefonnummern im Guten voneinander schieden, herrschte immer noch strenger Winter. Die Freundin meiner ambulanten Mini-Romanze lachte: „Wenn dein Freund das wüsste, würde er dich umbringen." Nun lachten wir alle. Bestimmt meinte sie das nicht ernst. Oder doch? Egal, er war eh nicht da.

Bald darauf war Frühling und ich rief das Mädchen an, wozu es eigentlich nicht den geringsten Grund gab. Bis dahin hatte ich der Sache völlig unangemessen oft an sie gedacht. Nun wusste ich nicht, was ich sagen sollte. Ich kannte sie doch gar nicht. Wir hätten über ihren Freund sprechen können oder über den Wechsel der Jahreszeiten: Winter, Frühling – schon verrückt, oder? Man kam im Grunde gar nicht hinterher. Ich stammelte wie ein Schwachsinniger, der ich schließlich auch war. Warum sie sich dennoch bereit erklärte, mich zu treffen, gar bei mir, in meiner Wohnung – was da alles passieren konnte! – ist mir bis heute schleierhaft

Nun wiederholte sie ihre Frage. Auf dem Bett. Im Zimmer. *Dem* Zimmer, denn es gab nur eins – in Folge von beziehungstechnischen Umstrukturierungen, wie sie mich alle paar Jahre aus heiterem Himmel zu ereilen pflegten, hatte ich einen gewaltigen Gesundschrumpfungsprozess in die Wege leiten müssen.

„Warum machst du dir so einen megahässlichen Aufkleber mitten in die Wohnung? Die Farben sind ja hammerübel. Das ist ja der reinste Horrortrip."

„Äh, das ist so'n Fußballverein. Also das Vereinswappen von dem. Und das sind hier die Farben von denen."

„Ah, der FC Kakadu. Und spielst du da mit, oder wie?"

„Nee, das ist zum Zugucken. Im Stadion und im Fernsehen und so. Und das ist mein, äh, meine Lieblings…, also, da ist ja jeder für irgendwen, und ich bin eben schon immer total für die …"

„‚Schon immer' ist ja überhaupt das beste Argument von allen." Täuschte ich mich oder hatte das gerade einen reichlich spöttischen Unterton gehabt? „ Klaus, also mein Papa, hatte auch ‚schon immer' seine eigene Truppe am Start. Der hat das dann auch geglotzt bei uns zu Hause, bevor er endgültig mit dieser Schauspielerin weg ist. Aber sind deine denn jetzt irgendwie wahnsinnig gut? Also, dass du da so'n Worship abziehst, obwohl das den ganzen Raum versaut." Sie blickte sich um. „Soweit das hier überhaupt noch geht."

„Nee, eher schlecht. Die spielen in der dritten Liga."

„Dritte Liga – ist das die unterste? Wo dann die Zuschauer bloß noch kommen, um die auszulachen? Wenn man da mal so drüber nachdenkt, ist das eigentlich voll die Schweinerei. Ich mein, spielen soll doch Spaß machen, oder? Du kannst doch Leute nicht derart dissen. Das bleibt doch hängen, die werden doch mal alle Vergewaltiger und so."

„Nee, so sind die da nicht. Und dritte Liga ist eigentlich sogar noch ganz gut. Also insgesamt. ‚Schlecht' war jetzt irgendwie missverständlich. Das ist alles relativ. Es gibt ja auch noch so was wie, sagen wir mal, zwölfte Liga. Die sind dann richtig schlecht und selbst da könnte zum Beispiel jemand wie ich nicht mitspielen."

„Ja, aber das ist doch trotzdem Quatsch, das hier so auszustellen. So, als wärst du da richtiggehend stolz drauf, aber das kann ja wohl nicht sein, oder? Sag jetzt bitte nicht, dass du so schräg drauf bist. Ich mein, du spielst da nicht mal mit, und du hast den Verein auch nicht gegründet oder so. Und er gehört dir nicht, und schlecht sind die dann auch noch. Ich mein, das ist ja jetzt nicht weiter schlimm, Hauptsache, die bewegen sich an der frischen Luft. Aber das ist doch nur dein Ding, das interessiert doch niemanden sonst. Da häng ich mir dann doch nicht so'n Fähnchen auf, um irgendwas abzufeiern, das mit mir im Grunde nicht das Geringste tun hat. Das ist eben, was ich total komisch finde. Fahne, Farben, Fußball. Für nix. Für 'ne hohle Idee. So eine unangenehme Männerscheiße. Ich hab gedacht, du bist ganz normal. Bisschen unsicher vielleicht und unbedarft und jetzt auch nicht so superinteressant oder hübsch oder irgendwas, aber irgendwie trotzdem ganz nett. Und dann dieser kindische Aufkleber mit dem aufgerichteten Salamander oder was das sein soll. Das hat ja fast so 'nen missionarischen Drive: Mein Verein ist toller als dein Verein. Sag mal: Bist du eigentlich ein Nazi …?“

Ein Schweigen schloss sich an, das bis zum Kapitel „Hass“ andauern sollte. Der Futon fühlte sich auf einmal sehr hart an. Diese Schlaf-Sushis aus Seegras und Beton waren ja groß in Mode und oft merkte man schon gar nicht mehr, wie unbequem sie in Wirklichkeit waren. Aber wenn auch die Fragen, die auf ihnen gestellt wurden, unbequem waren, merkte man es plötzlich doch.

Ich mochte es überhaupt nicht, wenn all das, woran ich glaubte, mit simplen Fragen im Handumdrehen entzaubert wurde. In diesem Punkt verhielt ich mich wie ein Religiöser. Da bohrt man besser auch nicht nach, sonst bekommt man schneller als man denkt ein Messer in den Wanst oder eine Tomahawk-Rakete aufs Dach. Glaube scheint so zerbrechlich zu sein, dass man ihn mit Samthandschuhen anfassen muss. Die Götter sind offenbar nicht besonders lässig unterwegs und die Gläubigen erst recht nicht. Dasselbe gilt für Fußballfans.

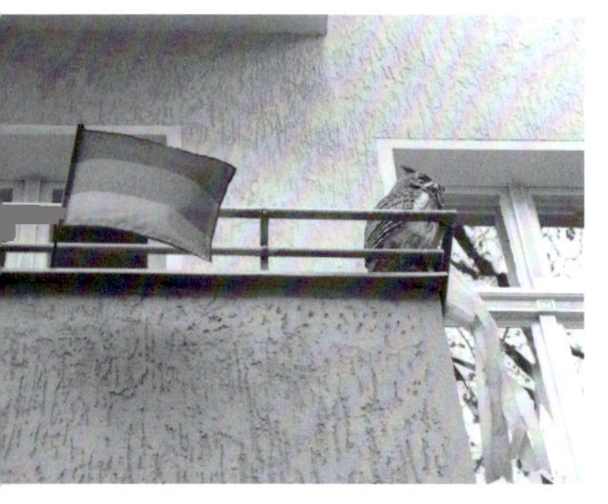

Post public viewing omne animal triste.

Denn natürlich erahnte ich bereits damals hinter der Fußballbegeisterung nicht nur das Kind im Mann, sondern auch den fanatischen Fundamentalisten im Kind. Schraubt man die Matrjoschka auf, findet man sie alle. Einigen Leuten im Stadion läuft die Kombination ohnehin ganz gut rein. Das passt zu ihnen, muss man leider sagen, und ergänzt sich auch mit weiteren Facetten ihrer Grundeinstellung aufs Trefflichste.

Der Fan legereren Zuschnitts lehnt hingegen Chauvinismus vordergründig ab, egal ob im TV oder in der Hose. Bereits Länderspiele verfolgt er wie einen miesen Porno mit latent schlechtem Gewissen – zu wenig pc, zu viel #MeToo und überhaupt nicht bio. Die kurze, kaum spürbare Freude über den meist billigen Sieg hinterlässt das Gefühl gähnender Leere. Post public viewing omne animal triste, wie der Lateiner leiert.

In meiner Jugend bin ich nach einem Deutschland-Tor auch schon mal schreiend auf dem Stuhl gestanden. Kein Problem, das hat mich am Ende so wenig zum Patrioten gemacht wie meine kindliche Begeisterung für Kriegsspielzeug zum Massenmörder. Und doch gilt die Nationalelf dem Aufgeklärten als suspekt. Denn plötzlich wird mit Landesfahnen gewedelt und nicht mehr nur mit den bunten Fantasielappen gemeinnütziger Körperschaften. Lieber gibt er sich deshalb auf einer unverdächtigeren Ebene – meine Stadt, mein Stadtteil, mein Verein! – dem Urtrieb der dumpfen Männerherde hin.

Aber überhaupt *hingeben* muss er sich schon! Das ist ein beliebtes Spiel achtsamer Mittvierziger, die sich „Jungs" nennen und gern mal „über die Stränge schlagen". Hui. Sie lesen das Männermagazin „Cord" (vormals „Wolf"), das sie als weich und hart zugleich kennzeichnet, sich selbst und ihre Umgebung reflektierende Heterosexuelle. Schwule sind natürlich auch super, ganz tolle Typen, ein lieber Kollege, sieht man ihm gar nicht an, der ist total normal, echt, öffnet auch sein Craft Beer mit dem Feuerzeug, aber sie möchten bitte nicht selbst für schwul gehalten werden. Selbstverständlich nur aus dem einzigen Grund, weil es eben nicht stimmt, warum auch sonst. Statistik halt.

Ironisch gebrochen krempelt, ob in der Männerumkleide oder im Stadion, nun auch der Intellektuelle mal so richtig das innere Schwein nach außen. Innen rosa, außen blau-gelb. Fanatismus, Leidenschaft für eine tote Sache, Vereinstreue und -stolz, ja selbst Sexismus und Homophobie werden mit augenzwinkender Arroganz nur so als alberne Retro-Gimmicks zitiert, die man den Renés und Kevins, die man insgeheim verachtet, entliehen hat. Attitüde gewordene Accessoires wie Jutebeutel mit Che-Guevara-Motiv.

Hauptsache, im Dienste eines postmodernen Zeitgeists wird immer feste gegen den Stachel einer irgendwie dann doch als zu weicheiig empfundenen Political Correctness gelöckt, als könne man damit einer tiefen inneren Furcht begegnen: Nämlich der, als die Person enttarnt zu werden, die man wirklich ist.

Doch noch nicht mal so weit war ich damals. Nix war ironisch. Alles war echt. Eins zu eins. Die ernsthafteste Sache der Welt, auch ohne hier die Worte alter Trainer anzuführen, die öfter zitiert wurden als Goethe. Eintracht Braunschweig war die Fahne, für die ich eines Tages sterben würde, wenn auch bitte nur eines natürlichen Todes im weichen Bett.

Dass man Fußballbegeisterung überhaupt auch anders und ohne völlig vernagelten Wahnsinn zelebrieren kann, ist relativ neu. Erst seit das einstige Proleten-Spiel rundum hoffähig geworden ist, sind Antifaschisten als Fußballfans denkbar. Zwar mussten sich die meisten zunächst von Kommilitonen aus den technischen Fachbereichen die Fußballregeln erklären lassen, doch dann ging es ab: „Fußballmafia DFB“, „Scheiß-Millionäre“ – das passt im Grunde überall.

Nicht jeder tut sich leicht mit den neuen Fußballfreunden. In Braunschweig wurden linke Ultras angegriffen, als „Juden“ beschimpft und nach einer weiteren Eskalation beim Auswärtsspiel in Mönchengladbach von Vereinsseite aus gemaßregelt.

Sicher so ein halbes Versehen. Irgendwie. Schließlich wusste man nicht so genau, und die sollen sich ja auch ziemlich ungeschickt verhalten und Absprachen verletzt haben, das ist ja bekanntlich das Allerschlimmste, eigentlich wollen wir gar keine Politik im Stadion, und diese linken Nestbeschmutzer schaden dem Ruf des Vereins, und wer sich nicht an die Abmachungen hält, wird natürlich bedroht und bespuckt, vollkommen logisch, was sonst, das ist schließlich in keinem Lebensbereich – Politik, Ballett, Kochkunst – anders, wo kämen wir denn da hin, und nichts wird so warm gegessen wie es gekotzt wird. Denn solange Aussage gegen Aussage steht, entscheidet König Fußball. Und der hat anscheinend nach wie vor mehr Dioptrien auf der rechten Seite. ’ne Brille wäre da mal nicht schlecht.

Eine kleine Korrektur scheint mir an dieser Stelle jedoch angebracht: Tatsächlich handelte es sich bei dem Stein des Anstoßes um eine gewaltige Wandkarte von Kanada und nicht um einen Eintracht-Aufkleber. Nun hätte man denken können, dass ich vorgehabt hätte, dorthin auszuwandern. Doch für so etwas war ich nicht geschaffen. Schließlich hatte ich gerade erst vor zehn Jahren das erste und letzte Mal in meinem Erwachsenenleben eigenständig den Wohnort gewechselt, und ich hatte nicht vor, diesen mentalen und logistischen Kraftakt je zu wiederholen. Und schon gar nicht in ein fernes Land mit einer anderen Sprache, das war bestimmt 'ne Menge Papierkram und so, und ich kannte da doch niemanden, und was sollte ich denn da machen, ich konnte doch nichts, etwa taxifahren?

Der Originaldialog, den ich an dieser Stelle nicht verschweigen möchte, ging jedenfalls ungefähr so:

„Was ist denn das da für ne Karte?"

„Kanada."

„Bist du Kanadier oder wie?"

„Nee, ich war da mal."

„Ach, dann hast du da länger gelebt oder so?"

„Äh, nee, ich war da mal im Urlaub."

„Und darum hängst du dir dann so ne brutale Riesenkarte von Kanada mitten in deine winzige Einzimmerbutze? Warum machst du das denn? Also für mich jetzt kein Problem an sich – ich will das einfach nur verstehen."

Auf einmal kam ich mir unheimlich dämlich vor, was sollte ich schon sagen? Ich wusste es ja selber nicht. Vielleicht weil Kanada groß war und ich klein. Weil ich mich bequem an irgendeine größere Idee klammerte und mich der Anblick der Karte darüber hinwegtäuschte, dass ich sonst nicht allzu viel erlebt hatte: Als Kind war ich mal im Harz und später auch einmal in Österreich gewesen. Einmal hatte sich eine Fledermaus in meine Wohnung verirrt – das war aufregend. Ach ja, und 20 Mark hab ich mal auf dem Weg zum Badesee gefunden. Ich hatte den Freischwimmer, das Abitur und den Personenbeförderungsschein erworben. Und dann gab es da noch die spannende Geschichte mit SS-Siggi. Doch sonst war da gar nichts. Die Kanadakarte hing da, weil ich nichts war und jede kleine Pose, die mir und anderen weismachen sollte, dass da irgendwo doch noch mehr sein könnte, sich auf Anhieb als durchschaubare Lüge entpuppte. Die Kanadakarte ist nur eine Metapher.

Auf harter Bettstatt blickte ich der Wahrheit ins Gesicht: Im Grunde war ich eine faschistoide kleine Kröte, die mit sechzehn bei Pokalpleiten gegen unterklassige Vereine vor Wut geweint und anschließend Heavy Metal aufgelegt hatte, auch nur so eine Pose. Ich war entlarvt. Mein Stolz war verletzt, doch welcher Stolz überhaupt? So etwas gibt es doch gar nicht.

Ich sah sie dann nie wieder. Dabei hatte ich ihr noch nicht mal den Namen des Vereins genannt. Eine wahre Liebe hält einen ganzen Abend lang.

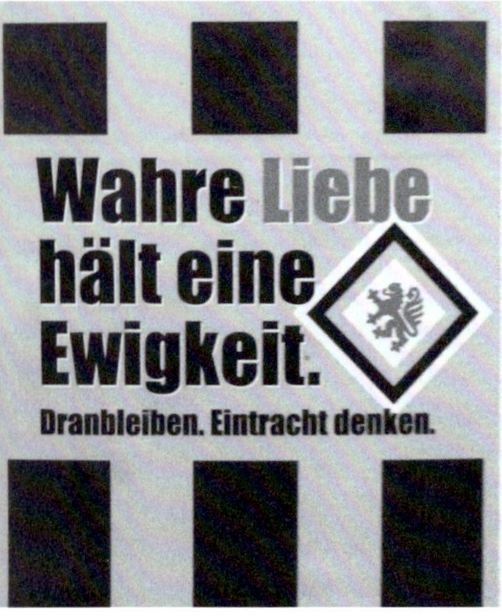

Eine wahre Liebe hält einen ganzen Abend lang.

Tradition

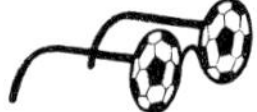

„Frau Johannsen, was ist eigentlich das Leibgericht Ihres Mannes?"
„Da er so viel unterwegs ist, isst er gerne Mohrrübeneintopf."
(Hildegard Johannsen, Ehefrau des Meistertrainers Helmuth Johannsen, in einer NDR-Dokumentation über den Bundesligatitel der Eintracht 1967)

Von meiner frühesten Kindheit abgesehen, war Braunschweig für mich kein Wohn- sondern ein Ferienort. Ich denke, damit war ich neben meinen Geschwistern der einzige Mensch, der sich die Stadt seit ihrer Gründung im 11. Jahrhundert jemals als Urlaubsziel gewählt hatte. Genauer gesagt hatten unsere Eltern diese Wahl für uns getroffen, um wenigstens einmal im Jahr ein paar Wochen ohne blökende Gören verbringen zu können.

Umgekehrt waren wir ja auch immer ganz froh – es war also eine „Gewinn-Gewinn-Gemengelage", wie die damalige Bezeichnung lautete. Bei den Großeltern fühlten wir uns wohl, auch wenn die Freizeitmöglichkeiten überschaubar blieben. Das Eulenspiegeldenkmal in Kneitlingen. Der Elm, ein sehenswerter Höhenzug unweit der Stadt. Der Tierpark Essehof mit seinen drei Enten, dem Esel und einem verlausten Wolf, der bei einem unserer Besuche mal geheult haben soll. Zumindest lautet so die Überlieferung unserer Großmutter. Aus Angst vor dem pelzigen Mörder von Rotkäppchen und sechs der sieben Geißlein (das siebte übte dann ja bekanntlich Bronson-mäßig Rache) hatte ich wohl zurückgeheult. Dies war übrigens der dritthäufigste über mich erzählte Schwank – nach dem Schwimmbad von Schöppenstedt und meinem ersten Besuch des leeren Eintracht-Stadions. Ich war schon ein ulkiges kleines Gewürm.

Manchmal gingen wir rüber zu den Nachbarn, dem alten Ehepaar Mühl. Die hatten keine Enkel und wollten auch mal junge Menschen sehen. Gerne lauschte ich Herrn Mühls alten Geschichten über Eintracht Braunschweig. Mit großer Verve schwor mich der welke Mann auf die blau-gelbe Fahne ein. Stundenlang schwärmte er von der prachtvollen alten Zeit und ganz besonders deren Verkörperung in Person eines gewissen Tull Harder. Der habe die Eintracht bereits vor dem Ersten Weltkrieg zu einer großen Nummer im norddeutschen Fußball gemacht, bevor er sie dann für Geld an den HSV verriet. Trotzdem, ein guter Mann! Frau Mühl servierte klebrige Kekse und strich mir mit bittersüßer Miene über den Kopf.

Ich fragte mich, wie jemand „Tull“ heißen konnte. Bis dahin kannte ich nur Till. Till Eulenspiegel, den berühmten Narren und Braunschweiger Landeshelden, der so manchen seiner Meister gefoppt hatte. Eulen und Meerkatzen, bruharhar. Doch im Nachhinein war der ausgefallene Name ein großes Geschenk für Tulls Weg zur unverwechselbaren Marke. Er musste aber auch ein Überstürmer von selten gesehener Brillanz und Urgewalt gewesen sein, ein riesenhafter Hüne, eine Mischung zwischen Nazgûl, Siegfried, Hrubesch und Dschingis Khan, um hier Herrn Mühls Aussagen im inhaltlichen Sinne wiederzugeben.

In meiner, was die Begleitumstände jener Märchenstunden betrifft, nur sehr blassen Erinnerung, hatte Herr Mühl nur ein Bein, aber vielleicht bilde ich mir das nur ein, quasi als Kontrapunkt zu dem gewiss recht agilen Tull Harder. Wenn ich so recht darüber nachdenke, kann ich mich eigentlich überhaupt nur wahnsinnig schlecht an irgendwas erinnern. Ein Wunder, wie ich da dieses Buch schreiben kann, doch flugs voran und Mut zur Lücke!

Die Nachbarn rochen komisch, aber die alten Geschichten über die ruhmreiche Eintracht machten das mehr als wett. Außerdem kann man ja auch immer durch den Mund atmen. Es war, als erzählte ein Veteran voller Rührung und Stolz vom Krieg inmitten des sich stetig verkleinernden Kreises der Kameraden. (Und wäre ich zum Beispiel 1865 geboren und nicht 1965, wäre genau das sicher auch der Fall gewesen.) Doch der Verlauf und Ausgang des jüngsten Krieges hatte eher eine Art ratloses Schweigen hinterlassen. Dieser vollkommen missglückte Krieg wirkte ein bisschen wie ein Abstieg, in dessen Folge man sich in der Liga darunter zunächst einmal sammeln und neu aufstellen musste. Eine Prise Demut hier, ein bisschen Wiederaufbau dort und den Ball schön flach halten, bis es endlich wieder so weit wäre: Lichtenhagen, Sommermärchen, AfD. So wirkten die Siebzigerjahre noch leicht gedämpft, wenngleich nicht mehr ganz so deprimierend wie die beiden Jahrzehnte zuvor. In fortschrittlichen Haushalten gab es sogar schon Farbfernsehen.

Wie alt die Mühls gewesen sein müssen, fällt mir nun erst auf, denn die Zeit, da Harder bei der Eintracht spielte, ist schon über 100 Jahre her. Doch wo viel Licht ist, ist auch viel Schatten. Ein Stürmerstar, der den „Stürmer“ las: Bereits 1932 in die NSDAP eingetreten, wurde der leidenschaftliche KZ-Aufseher 1947 als Kriegsverbrecher verurteilt. Vom Nationalsozialismus distanzierte er sich nie. Aber wer tat das schon. Zur WM 1978 bei den argentinischen Diktatoren und Massenmördern empfing der DFB mit Oberstleutnant Rudel auch einen eigenen prominenten Nazi im Mannschaftsquartier. Da man ja nun schon mal da war, konnte man doch prima das Abgefeimte mit dem Ekelhaften verbinden. Berti Vogts seierte schon damals im Geiste Beckenbauers (siehe Kapitel „Rückzug"): „Ich habe ein Land gesehen, in dem Ordnung herrscht. Ich habe keinen einzigen politischen Gefangenen gesehen." Ja komisch, dass die nicht im Garten der DFB-Unterkunft rumliefen und dort an den Blümchen schnupperten. Bei solchen Vorbildern war es kein Wunder, dass nur wenig später die erste große Welle des Rechtsradikalismus durch die Bundesligastadien schwappte. War ja schließlich von ganz oben abgesegnet. Holger Apfel fällt nicht weit vom Stamm.

Dabei war Tull noch eine vergleichsweise kleine Nummer. Nach Entlassung aus der – wie so oft, wenn die West-Alliierten gerade mal nicht so genau hinsahen – stark verkürzten Haft wurde er „vom HSV und seinen Anhängern frenetisch gefeiert" (Nils Havemann: *Fußball unterm Hakenkreuz – der DFB zwischen Sport, Politik und Kommerz).* Noch in einer Broschüre, die der Hamburger Senat anlässlich der Fußball-WM 1974 herausgab, wurde Tull Harder als „Vorbild für die Jugend" genannt. Da konnte man im Nachhinein froh sein, dass diese Peinlichkeit der Eintracht erspart geblieben war. Die wäre, dem Zeitgeist folgend, bloß in dasselbe Fettnäpfchen mit brauner Schmiere gesprungen. Nun gehört es dem HSV allein. Es hat doch alles auch sein Gutes.

Ein großer Stolz der Stadt Braunschweig ist wohl *die* Fußballtradition unter den Fußballtraditionen. Doch bevor wir dazu kommen, gibt es erst noch eine kleine Scherzfrage: Ist eigentlich überhaupt schon einmal jemandem folgender Treppenwitz der Fußballgeschichte aufgefallen? Die Wiege des deutschen Fußballs und das Grab des deutschen Fußballs befinden sich in unmittelbarer Nachbarschaft zueinander. Das ist, als würde man aus den Zimmern der Wöchnerinnenabteilung direkt auf den Friedhof blicken.

Ich hab nur Spaß gemacht. Wolfsburg ist gar nicht das Grab des deutschen Fußballs. Das war nur eine kleine Neckerei gegen den Lokalrivalen. Ach was, Lokalrivale stimmt ebenfalls nicht – das ist ja Hannover 96 (siehe Kapitel „Erbfeind"). Und vielleicht noch die Freien Turner Braunschweig, dazu die wackeren Wolfenbütteler, um den MTV aus der malerischen Residenzstadt nicht zu vergessen. Das Wolfsburger Stadion ist lediglich die von Freikarteninhabern umkränzte Gnadenbrotwiese für Mario Gomez und ähnliche VW-Auslaufmodelle.

Doch nun kommt es. Endlich. Trara! Die Wiege des deutschen Fußballs steht tatsächlich in Braunschweig. Es war das Jahr 1874. Der Gymnasiallehrer Konrad Koch spazierte über eine Wiese in Braunschweig und dachte nach. Es war Herbst, vor ihm auf dem Weg lag eine glänzende braune Rosskastanie. Anstatt ihr ein Herbstgedicht zu widmen, verspürte Koch nicht übel Lust, die kleine Kugel durch die Gegend zu kicken. Er war eben mehr so der spielerische Typ. Dennoch blickte er sich kurz nach etwaigen Augenzeugen um, auf dass die Würde seines Amtes nicht beschädigt werde.

Die Luft war rein. Dreimal holte er mit dem rechten Fuß aus, schwang durch und trat zu, dreimal mit dem linken. Treffer: Fehlanzeige. Wolfgang Frank hätte ihn ausgelacht, Lothar Ulsaß sowieso – der hätte sogar Pelé ausgelacht, und zwar völlig zu Recht. Denn noch immer lag die dumme Nuss am selben Flecke, gebettet auf frisch gefallene Blätter. Wahrscheinlich würde sie solange hier herumliegen, bis sich ein Wildschwein ihrer erbarmte und sie in ihrem Maul davontrug.

„Das ist ja alles gar nicht so einfach“, schmunzelte Koch, der trotz des Misserfolgs das Schmunzeln keineswegs verlernt hatte. Er war ein positiver Mensch, der sich lieber mit Eifer und Neugier an die Lösung eines Problems machte, anstatt groß zu lamentieren. Das Schmunzeln hat er praktisch erfunden. „Wenn die Kastanie größer wäre“, so der Pädagoge weiter, „träfe man sie gewiss um ein Vielfaches leichter.“

Doch Koch wäre nicht Koch gewesen, wenn ihm nicht sogleich ein guter Einfall gekommen wäre, wie gleich mehrere Fliegen mit einer Klappe zu schlagen seien. Zum einen könnte er seine Kicklust besser befriedigen und zum anderen zur körperlichen Ertüchtigung seiner Zöglinge am Braunschweiger Knabengymnasium Martino-Katharineum beitragen. Aus England, wo man ein neues Sportspiel erfunden hatte, das man unter anderem mit den Füßen spielte, ließ er sich das entsprechende Sportgerät schicken. Zum Glück hatte er Verwandte dort, die vor zwei Generationen auf die Insel ausgewandert waren. Konrad Koch schickte ihnen einen Brief und nur zwei Monate später hielt er in seinem Haus am Madamenweg das von der Muhme Cook übersandte Paket in den Händen.

Leider waren die Marmeladengläser, die die Muhme, damit sich die teure Schiffssendung auch lohne, dem gewünschten Ball beigegeben hatte, zerborsten. Klebrig überzog das Mus den ersten Fußball, der das Licht des frischgebackenen Kaiserreichs erblickte. Doch alles kein Problem für Konrad Koch. Erneut schmunzelte er listig vor sich hin, denn natürlich wusste er längst eine Lösung. Hmm … das schmeckte. Diese Mischung aus bitter, süß und sauer gefiel ihm. Schleck, schleck, schleck. Er leckte den ganzen Ball rein und imprägnierte so das Leder perfekt mit seiner vom Pfeifentabak stark belegten Zunge. Schwierigkeiten bereiteten die Nähte, in denen sich dünne Streifen abgeriebener Orangenschale verfangen hatte. Es dauerte ein halbe Ewigkeit, bis das Ungemach beseitigt war. Doch auch dabei schmunzelte Koch wie nicht ganz gescheit.

Am nächsten Morgen brachte er den Ball ins „Macker", wie heutige Schülergenerationen die Bildungseinrichtung in ihrem unnachahmlich flapsigen Jugendjargon nennen. Ohne weitere Zusatzinformationen schmiss er ihn unter die Pennäler. „Friss oder stirb", dachte er dabei. „Conquer or die!" Die Jungs sollten erst mal einfach bolzen. Für Feinheiten wie eine rechtsdrehende Fünferkette mit abkippender Sieben und glutenfreier Zehn wären dann noch immer mindestens hundertvierzig Jahre Zeit.

Dass dieser erste Fußball dummerweise auch noch ein Rugby-Ei war, machte den Start nicht gerade leichter. Koch, gar nicht dumm, ließ sich deshalb beim nächsten Mal einen leidlich runden Ball schicken – so richtig rund waren die ja alle nicht, die Hersteller waren noch zu blöd. Leider war das gute Stück diesmal mit Marmite verkleistert, und es dauerte lange, überhaupt ein Schwein zu finden, das bereit war, die Bescherung sauberzulecken.

In der filmischen Umsetzung fehlt diese Episode. Mit „Der ganz große Traum" hat Regisseur Sebastian Grobler dem Fußballpionier ein graues Denkmal gesetzt. Es ist so eine Art „Fack ju Göhte" für Klosterschüler draus geworden. Nachts auf Phoenix wäre die Machart locker durchgerutscht, doch was der spröde Film auf einer Kinoleinwand zu suchen hatte, erschließt sich mir nicht.

Immerhin legt Daniel Brühl eine famose Leistung aufs Parkett. Obwohl er sich einen Bart umgehängt hat und die Schüler mit den Worten „My name is Konrad Koch" begrüßt – sie verstehen natürlich kein Wort – erkennt man ihn doch. Und zwar an der Stimme: es ist tatsächlich Daniel Brühl. Er hat seinen Koch als eine Art entschlossenen Träumer angelegt, als personifizierte vage Imagination von dem, was war, ist und noch sein könnte. Seit Bruno Ganz' Hitler in „Der Untergang" durfte man so etwas im deutschen Kino nicht mehr bewundern. Das Genre „Bio-pic verdienter Deutscher" erreicht hier noch einmal neue, nicht für möglich gehaltene Höhen.

Viele Widerstände hat Brühl-Koch mit der von vielen Traditionalisten beargwöhnten „Fußlümmelei" zu brechen. Seine Jungs helfen ihm dabei. Im Film ist er Englischlehrer, obwohl der echte Koch von England so viel gesehen hat wie Karl May von Amerika. Geschenkt.

„Ist dieses Spiel für dieses Land nicht viel zu barbarisch?" fragt Brühl aka Koch sein fiktives Love Interest gegen Ende des Streifens. Ich denke, die Frage wäre umgekehrt besser gestellt. Tull Harder lässt grüßen.

Jedem Land sein Spiel. Doch wie lange auch das der Engländer hier schon verwurzelt ist, lässt sich nur an wenigen markanten Fußballstandorten so gut beobachten wie im Braunschweiger Stadion.

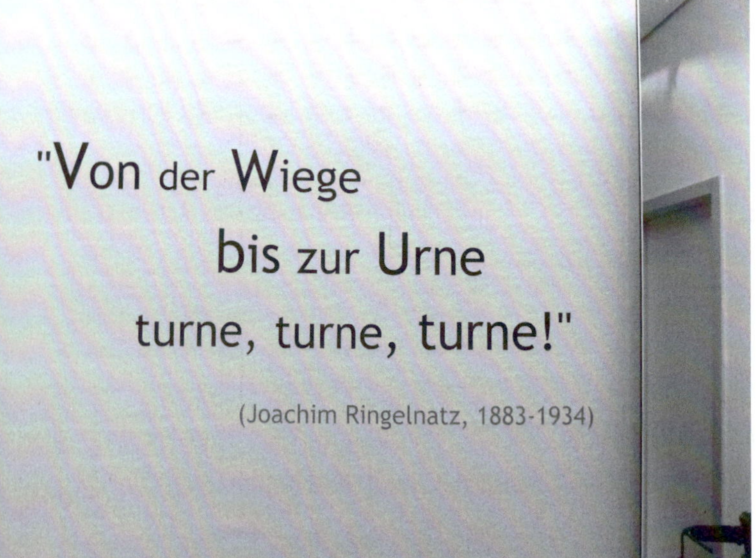

Jedem Land sein Spiel.

Trotz zahlloser baulicher Upgrades über Generationen hinweg ist die Anlage weiterhin Stückwerk. Als eines der letzten in den oberen Spielklassen ist das Spielfeld noch immer von einer Laufbahn umgeben. Der Geist Konrad Kochs schwebt über der Tartanbahn (zu meinen Frühzeiten war der Belag noch echte Schlacke). Kampf ist Trumpf: Das ist die vorherrschende Einstellung des Publikums – wenn nicht schön genug gespielt wird, wird aber dennoch gemault. Und auch sonst ist trotz erfolgter Modifikationen vieles gleich geblieben. Der Name Eintracht-Stadion und die Tatsache, dass es sich im Gegensatz zu so vielen anderen Stadien nun seit fast hundert Jahren noch immer an derselben Stelle befindet. Die Shell-Tankstelle Ecke Rheingoldstraße als letzter Treffpunkt vor dem Spiel. Die Südkurve noch bzw. wieder als Motor der Atmosphäre. Die antiken Kassenhäuschen am Haupteingang. Die angeblich beste Stadionwurst – ich finde ja die draußen neben der Tanke viel besser. Und die in Aachen habe ich auch sehr gut in Erinnerung, doch das ist über dreißig Jahre her.

Gern blickt man hier auf sogenannte Retortenclubs oder Emporkömmlinge hinunter. Den Reflex beobachtet man ja auch auf anderen Gebieten: Wer sich herabgesetzt fühlt, pflegt seine Verachtung für das vermeintlich noch Minderwertigere. Da wird das Feindbild liebevoll gewienert, gebürstet und gestriegelt: der Muslim, die Emanze, die „Zecke“, der Retortenclub. Doch wer sich nicht auf seine eigenen Möglichkeiten konzentriert, hat schon verloren. Das ist in keinem Lebensbereich anders. Sollen doch Hoffenheim und RB Leipzig als FC Casino Buxtehude fusionieren, in der Halbzeitpause treten Horrorclowns, Cheerleader und Helene Fischer auf, und Vereinspräsident wird Mario Barth. Na und? Ich wünsche ihnen dafür alles Glück der Welt. Ich muss ja schließlich nicht hingehen.

Die Traditionswerte sind für einen Fußballverein, was Cholesterinwerte für den Menschen sind – sie zu erhöhen war lecker und hat Spaß gemacht, doch nun sind sie nichts als lähmender Ballast. Und damit meine ich nicht nur die Meisterschaft 1967, zu der unten noch ein paar Worte folgen werden, sondern vor allem, was daraus entstanden ist. Blei im bzw. Scheiße am Schuh sämtlicher nachfolgender Spieler-, Funktionärs- und vor allem Anhängergenerationen bei Eintracht Braunschweig. Auch den Stolz darauf, 1963 zu den Gründungsmitgliedern der Bundesliga zu gehören, sollte man sich lieber schenken und den Mantel des Schweigens über dieses Resultat aus Mauschelei und Verrat decken. Die Eintracht war nicht der einzige Verein, der damals davon profitierte, dass der DFB kurzfristig die meisten seiner zuvor postulierten Auswahlkriterien über Bord warf, doch wohl das extremste Beispiel.

Dieses „Früher war alles besser" im Denken rund um den Verein ist das Gift in dessen Adern. Dabei können wir doch gottfroh sein, dass wir nicht mehr alle Nazis sind, beziehungsweise noch nicht wieder oder zumindest noch nicht wieder alle durch die Bank. Oder Germanen, die an Bärenfraß, Karies und Blinddarmentzündung sterben. Oder nacktärschige Baumaffen ohne Tischsitten, Sportschau und Sonnenbrille. Und dass wir keine Spieler mit Schnauzbart und Vokuhila mehr sehen müssen.

Das ist doch alles wunderschön. Nie war das Leben auf Kosten der Anderen so gut. Netflix, Hipster-Chefs mit regionaler Küche, Sky im wackligen Live-Stream von russischen Wohltätern umsonst aufs eigene Sofa, Quinoa-Samen im Müsli, Online-Banking, Spieler, die einander nach Torerfolgen weiche Küsschen auf die nassgeschwitzte Stirn geben. Liebe, Zärtlichkeit, Homophilie, flache Hierarchien, eine positive Gruppendynamik. Englisch verstehen sie ebenfalls. Kicker, die mit dem Ball umgehen können, weil sie mit dem Ball trainiert haben. Wir sind in der E-Jugend erst mal stundenlang um den Platz gerannt.

Und, hat uns das etwa geschadet? Ja! Und wie! Spieler wie Dieter Hoeneß, Hans-Peter Briegel oder Günter Delzepich („Wenn Aachens 100-Kilo-Mann Günter Delzepich zum Freistoß antrat, stand der Mauer der Angstschweiß auf der Stirn.", *11Freunde*) würden im bezahlten Leistungssport heute keine Schnitte mehr sehen. Gott sei's gepriesen und gepfiffen. Zweitligatorjäger gab es, die dem Vernehmen nach nicht fünfmal den Ball hochhalten konnten. Das schwor jedenfalls mal eine Vertrauensperson, die einst mit dem Betreffenden in der Verbandsliga gekickt hat. Eventuell könnte ich da sogar eine eidesstattliche Erklärung heranschaffen. Alpha-Brüllaffen wie Ballack oder Effenberg würden wegen gruppenschädigenden Verhaltens zurück in den Zoo geschickt werden. Keiner braucht mehr selbstherrliche Gorillas in der Mannschaft.

Auch Trainer, die wie Drill-Sergeants alter Schule durch den Porzellanladen voll ihnen anvertrauter junger Seelen wüten, sterben aus. Die letzten von ihnen kann man noch auf Amateursport-

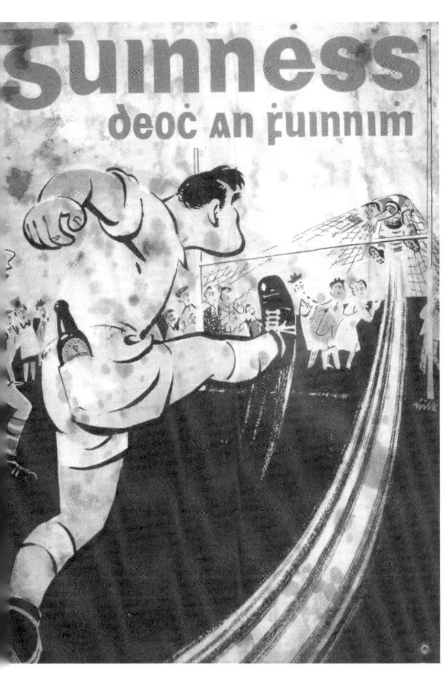

Der Mauer stand der Angstschweiß auf der Stirn.

plätzen schreien hören. Als Aufseher à la Tull Harder würden sie sich gar nicht übel machen. Aber sie werden schon heiserer. Bis sie eines Tages hoffentlich ganz verstummen.

Was hingegen nie verstummen dürfte, ist das Meisterlied. In jedem Spiel der Eintracht wird es von den Fans in der 67. Spielminute angestimmt, um an den sensationellen Meistertitel im Jahre 1967 zu erinnern. Trotz der langen Vereinsgeschichte ist es der einzige Meistertitel bis heute, und das wird er sicher auch für alle Zeiten bleiben. So fest wie die Hierarchien in diesem Sport zementiert sind, müssten schon sämtliche Erstligateams bei Flugzeugabstürzen ums Leben kommen. Das will natürlich keiner. Aber nicht weiter schlimm, Meister sind wir ja schon. Das kann uns keiner mehr nehmen, und genau das soll wohl auch besungen werden. Ein Pfeifen im dunklen Wald.

Ich finde das Lied problematisch. Damit meine ich jetzt nicht etwa peinlich – das betrifft eher den Maradona-Song („selbst wenn sie Maradona bringen, schießen wir ein Tor mehr …"). Übrigens auch einer der Gründe, warum ich kaum noch jemanden mit zu den Heimspielen nehme: Weil ich mich vor Außenstehenden so für dieses Lied schäme. Ich kann doch dann nicht jedes Mal sagen: „Ich habe mit diesen Menschen nichts zu tun", oder: „Es sind gute und brave Leute, sie haben nur keinen Geschmack."

Aber nein, so ist das Meisterlied nicht. Der Knackpunkt liegt für mich hier in der absoluten Überhöhung jener Überraschungsmeisterschaft, die nun auch schon über 50 Jahre her ist. Damit deckt man als Fan doch komplett seine Karten auf und dieses Blatt ist nun mal dürftig: 1 (in Worten: eine) Meisterschaft. Vor quasi Menschengedenken. Wäre es nicht langsam mal angebracht, das Ganze so ein kleines bisschen runterzufahren? Der Gentleman genießt und schweigt. Und wird man doch einmal gefragt: „Habt ihr eigentlich schon mal ’nen Titel gewonnen?“, kann man ja immer noch antworten: „Klar. nuschel … nuschel … (lauter:) Deutscher Meister, bloß mal so zum Beispiel.“ Mehr muss man gar nicht sagen. Das wirkt.

Vornehm verliert man kein weiteres Wort darüber, wann und wie oft, und dass man dabei weniger Tore erzielt hat als heutzutage mancher Absteiger. Man kann so tun, als wäre einem die Frage zu blöd. Für Angeberei ist man zu stilvoll und zu aufrichtig. Die Titel alle en detail anzuführen, wäre doch nur Erbsenzählerei. Mit dem lässig dahingeworfenen „Deutscher Meister zum Beispiel“ verschleiert man geschickt, dass es nur ein einziger, im Grunde längst verjährter Titel ist. Außerdem kann der Fragesteller das gefälligst googeln. Man kann alles googeln heutzutage. Das macht das Leben viel einfacher. Fragt mich jemand irgendetwas – nach dem Wetter, nach dem Weg oder nach meinem Befinden – kommt wie aus der Pistole geschossen meine Gegenfrage: Ist deine Flatrate verbraucht oder willst du mich anmachen?

Nach solch ehrlichen Worten trennt sich schnell die Spreu vom Weizen. Viele falsche Freunde sind gegangen. Dafür ist ein echter geblieben: Die herzliche Brieffreundschaft mit dem Lebenslänglichen (plus anschließende Sicherungsverwahrung) Martin aus der JVA Tegel erfüllt uns beide mit ihrer Tiefe, Verlässlichkeit und einem fruchtbaren Austausch, wie man ihn sich besser nicht wünschen könnte.

Aber ich schweife ab. Es war 1967, kurz nach dem Krieg: Kantige Kfz-Mechaniker knallten an eckige Holzpfosten, beim Publikum herrschte, wenn man den Schwarz-Weiß-Bildern glauben möchte (und was kann ehrlicher sein als Schwarz-Weiß-Bilder?), offensichtlich Hutpflicht, und der BTSV mogelte sich mit viel Herz und Verstand zum Meistertitel. Auch so wenige Punkte wie keinem anderen Titelträger hatten der Eintracht zur Meisterschaft gereicht. Ein zweiter Sensationscoup wäre um ein Haar 1977 gelungen, doch alles andere ging stets himmelweit daneben. In der gesamten Vereinsgeschichte hat es zu keiner einzigen Finalteilnahme im DFB-Pokal gelangt.

Das würde ich mir vor meinem Ableben ja noch einmal wünschen: Braunschweig im Endspiel in Berlin, im ungeliebten Olympiastadion, der Heimstätte der von mir ungeliebten Hertha. Eine blaugelbe Völkerwanderung zieht zum auf Sommermärchen getrimmten Nazischrein an der Reichssportfeldstraße. Und ich sitze mit meinen knapp 98 Herbsten auf der Tribüne im Greisenblock, sauber zusammengeklappt steht mein Rollator im Versorgungsraum, davor wacht eine grimmige Rotkreuzschwester mit dem Kampfnamen „Erzengel Gabriele". Ich nöle nach misanthropischer Altenart über die Dauergesänge der Ultras – seit 70 Jahren immer die gleichen und doch für Traditionalisten wie mich nach wie vor ein Unding. Unser Gegner heißt Haribo Cuxhaven. Ein saisonales Franchise von Lego Lotte, aber an so etwas hat man sich längst gewöhnt. Nach 67 Minuten wird von den 30.000 mitgereisten Braunschweigern das Meisterlied angestimmt. Vielleicht kann man es nach dem Spiel dann endlich mal durch ein aktuelleres Pokallied ersetzen: „Deutscher Pokalsieger, deutscher Pokalsieger, in den Farben Gelb und Blau – Zweitausendsiebenundsechzig, das war unser BTSV …"

Ein Traum. Zur besseren Kennzeichnung setze ich ihn vorsichtshalber kursiv.

Ich will die Meisterschaft ja gar nicht verleugnen. Im Gegenteil. Ich will sie schützen. Denn gerade angesichts der chronischen Erfolglosigkeit sollte man mit ihr wenigstens kein Schindluder treiben. Was macht man mit dem einzigen kostbaren Schmuckstück, das man besitzt? Genau, man sperrt es weg, ins Schließfach, wo es am sichersten ist, und prahlt möglichst nicht damit. Statt jedoch schlau im Diffusen zu verbleiben, wird in jeder Chronik, in jeder überregionalen Reportage, in jedem Spiel die Erinnerung an den Zufallstriumph anno Tobak wiedergekäut bis zum Erbrechen. In Endlosschleife zeigt man dieselben fünf existierenden Wochenschaubilder von 1967, knarzende Sprecher, im russischen Winter unheilbar heiser geworden, es fehlt im Grunde nur noch die Formation der Sturzkampfbomber, die wie Kraniche aus Stahl und Tod über das zu mehr als 90 Prozent aus Stehtraversen bestehende Eintracht-Stadion gen Süden ziehen.

1967 – wie unglaublich lang das her ist: Vietnamkrieg, Sechstagekrieg, Militärputsch in Griechenland. 1967, nur zwei Jahre, nachdem den Menschen ein Kindlein geschenkt wurde, das das Genre der Fußballfibel von Grund auf revolutionieren würde. 1967, ein Jahr, in dem die meisten Fans noch nicht mal geboren waren. Viele haben das Licht der Welt sogar überhaupt nicht erst erblickt, denn selbst schwangere Frauen gaben sich im Freudentaumel, der über Tage hinweg die Stadt erfasst hatte, mit süßem Schaumwein die Kante.

Man hatte ja keine Ahnung, dass das schädlich war. Mit Gesundheitsvorsorge hatte man es nicht so. Die Menschen rauchten selbst auf der Intensivstation. Wo auch die meisten lagen, denn eine Anschnallpflicht in PKWs gab es nicht, und Sicherheitsgurte lösten in den Fahrern Angst und Abscheu aus. Der Blutzoll auf den Autobahnen unterschied sich nicht groß von dem der Kriegsjahre davor. Und dieses 1967 muss noch immer dafür herhalten, dass David den Goliath besiegen kann, obwohl es doch die Ausnahme war, die die Regel nur bestätigt. „Graue Mäuse können auch hin und wieder mal glitzern", sagt Meistertorwart Horst „Luffe" Wolters in der eingangs zitierten NDR-Dokumentation über die Sensationsmeisterschaft. Nein, das können sie nicht. Sie können höchstens mal kurz die Katze mit einer ausgeklügelten Mauertaktik nerven. Aber Glitzern sieht anders aus.

Wie eine unerreichbare süße Traube hängt die Meisterschaft seither über den Anhängern. Dem schlauen Fuchs wäre diese Traube nun zu sauer. Er würde sich auf das Tagesgeschäft in der 2. oder 3. Liga konzentrieren, anstatt in jeder 67. Spielminute von der Meisterschaft zu bellen. Das führt doch zu nichts und hält ständig nur die falschen Erwartungen wach.

„Werdet zur Legende!", schallt es durchs Eintracht-Stadion, sobald Aufstiegsgefahr besteht. Das ist im Grunde der richtige Weg: mit alten Legenden aufzuräumen, um Platz für neue zu schaffen. „Fußball ist Tagesgeschäft", wie schon Herbergers Urenkel, trotz fehlender Artikel treffend, bemerkte. Vergangenheit ist Ballast. Der kluge Hahn freut sich still über den Titel im dem Briefkopf, aber kräht morgen nicht mehr danach.

Doch der Zustand des Patienten bleibt instabil. Löwen sind nun mal keine Füchse. Zwar wurden die Erwartungen immerhin schon so weit zurückgeschraubt, dass wenigstens der Abstieg in der singulären Erstligasaison 2013/14 mit Würde und Begeisterung verlaufen konnte. Doch sobald in der 2. Liga (einer Spielklasse, von der man vor ein paar Jahren kaum zu träumen wagte) mal hintereinander eine Handvoll Spiele nicht gewonnen werden, murrt das Volk vernehmlich und stellt Bewährtes grundsätzlich in Frage. Bei nicht wenigen herrscht noch der durch nichts als diese verfluchte Meisterschaft legitimierte Anspruch vor, man müsse Gegner mit vergleichbaren Strukturen mal eben so beherrschen: auf dem Platz, in der Tabelle und überhaupt. Und sei es wenigstens in den Heimspielen: in der Löwengrube, im Hexenkessel, im Tempel.

Tempel

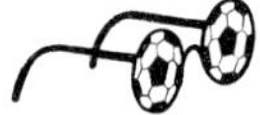

„Ich bin ja ein alter Hase, und wir haben in der Regionalliga gegen Lurup oder Celle auch beschissen gespielt, aber wir brauchten hinterher immer 'ne neue Packung Stimmbänder."
(User „Barrakuda" im Fanforum)

„Weißt du noch?", raunte Großmutti. „Wir sind damals mit euch ins Eintracht-Stadion gegangen. Dein Bruder wollte das sehen. Und du … Trommeln … Fahnen … Gesänge … da war aber gar kein Spiel … so enttäuscht …" Sie lächelte. Mittlerweile wohnte sie in so einem Mozartineum oder Mausoleum – jedenfalls einer dieser Namen, den man heute mit dem Zusatz „Wohnstift" einer edleren Variante von Altersheimen gibt, damit diese weniger nach Endlagerstätte klingen. Mein Großvater war nun schon länger tot.

Ich nickte. „Klar, Großmutti." Es war Heimspieltag. Ich wollte keine allzulangen Worte machen, denn langen Worten hört man die schwere Zunge leichter an. Außerdem war ich vollkommen heiser, denn ich kam direkt vom Stadion.

Ich hatte längst nichts Niedliches mehr an mir. Irgendwo weit oben auf einem klobigen Körper thronte, mit einem dürren Hals

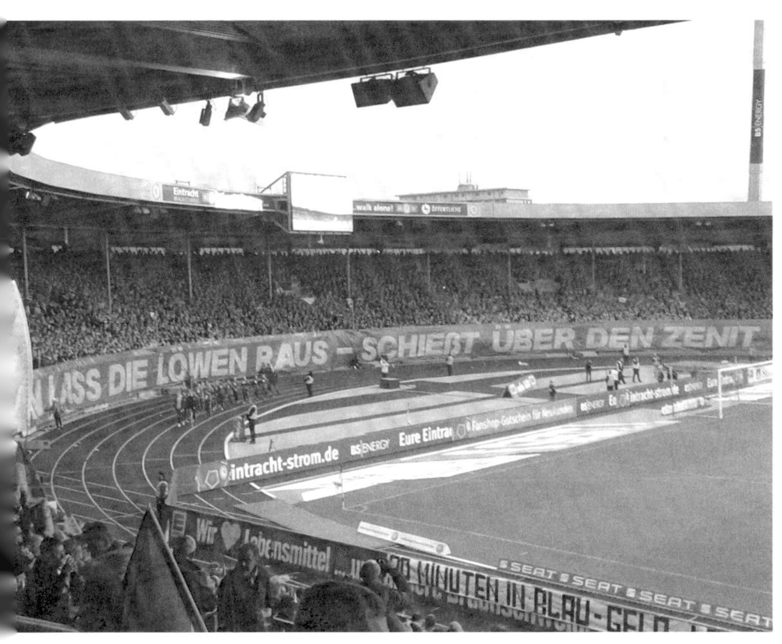

Es war Heimspieltag.

wie durch eine Zwangsheirat verbunden, halb freischwebend eine selten hässliche Fresse. Ich stank nach Bier, Zigarettenrauch und Pisse. Die sanitären Bedingungen im Eintracht-Stadion spotteten damals wie heute jeder Beschreibung. Außerdem konnte es immer passieren, dass sich auf den Stehplätzen irgendjemand im Gewühl erleichterte, als hätte sich seit dem Mittelalter, da man die Nachttöpfe aus dem Fenster heraus auf die Gasse entleerte, nichts geändert. Noch vor einer Stunde hatte ich grölend irgendwelchen Leuten, die ich gar nicht kannte, den Tod gewünscht: den gegnerischen Fans, dem gegnerischen Trainer, dem Schiedsrichter und, wie immer, pauschal Hannover 96, obwohl die wie so oft ein bis zwei Spielklassen höher unterwegs waren und folglich meine Wünsche gar nicht hören konnten. Doch all das erzählte ich meiner Großmutter nicht.

Was ich ihr ebenfalls nicht sagte, um sie nicht zu desillusionieren: Ich ging nicht mehr einfach auf Verdacht ins Stadion. Die Spieltermine entnahm ich mittlerweile der Fachpresse (und später sogar dem Internet). So wurde ich nie enttäuscht. Außer mir waren verlässlich Trommeln und Fahnen vor Ort sowie auch andere zahlende Zuschauer. In manchen Jahren allerdings oft nicht viele. Ob wir nun gegen Havelse, Verl oder Stahl Brandenburg spielten: Immer wieder wunderte man sich, was es alles für Orte gab, und dass die dort überhaupt einen Fußballverein hatten. Lustigerweise dachte man das zu jener Zeit auch noch über Freiburg oder Mainz. Wie sich die Zeiten ändern können, wenn man keine alten Meistertitel mit sich herumschleppt.

Manchmal fuhren wir nun noch hoch ins Dach-Café im dreizehnten Stock des Mausoleums und aßen ein Stück Pflaumenkuchen mit Schlagsahne. Man konnte über die ganze Stadt blicken, den Dom, die Nord-LB, die Flutlichtmasten an der Hamburger Straße und auf der anderen Seite, weit in der Ferne, zeichneten sich sogar noch die Höhenzüge des Elms in den diesigen Horizont. Ich versuchte, von den sieben Wolters-Hofbräu nicht zu laut zu rülpsen.

Das Rülpsen passte zu einer eher satten und gediegenen Lebensphase in den Neunzigerjahren. Ich wohnte in Berlin, arbeitete irgendwas und wurde dafür bezahlt. Das heißt, ich war noch nicht „Schriftsteller“ oder strapazierte einen ähnlichen Euphemismus, der vornehm Mittellosigkeit kaschieren sollte. Folglich war es kein

Problem für mich, alle zwei Wochen den Zug nach Braunschweig zu nehmen, um die Heimspiele zu besuchen.

Ganz anders hatte sich die Situation während meiner Schulzeit dargestellt. Meist träumte ich nur davon, dass ich in der Südkurve stand, im Blick die altvertrauten, dürren Pappeln hinter der Nordkurve gegenüber, die wie leicht missgelaunte Zaungäste von hinten über die unterdimensionierte Stehtribüne lugten, die immer ein wenig an eine Bezirkssportanlage erinnerte. Dort standen die Auswärtsfans im Regen. Doch für uns bedeutete der Anblick der Pappelkulisse ja nun Heimspiel, und mit das Schönste daran ist immer die statistisch unterfütterte Erwartung, dass man gewinnt. Und zwar egal, gegen wen. Das weniger Schöne ist, wie oft sie sich dann nicht erfüllt.

Natürlich waren auch mir die Heimspiele heilig: das kollektive Wir, in dem ein Einzelgänger wie ich gleichzeitig aufgehen und verschwinden konnte. Doch wie sollte ich überhaupt erst dahin kommen? Dummerweise stand dem mein Wohnsitz kurz vor Österreich entgegen. Heimspiel war für mich gleich Auswärtsspiel, ach was, schlimmer noch, quasi international und so gut wie unerreichbar, vor allem außerhalb der Ferien. Kohle für ein Zugticket hatte ich selten, der Fernbus war noch nicht erfunden. Gegen Ende der Schulzeit erklärte ich mich für erwachsen und versuchte es per Anhalter. Was zur Folge hatte, dass ich oft nicht rechtzeitig ans Ziel kam. In solchen Fällen konnte ich gleich wieder umkehren. Und fast immer fuhr ich allein, auch später, als ich mir regelmäßigere und bequemere Heimspielbesuche leisten konnte.

Im sonstigen Leben bin ich kaum sozialer. Ich suchte also nicht gerade krampfhaft nach Gesellschaft. Dennoch gab es manchmal einen Gutwilligen, Dummen oder Neugierigen, der mich begleitete. Das war im Prinzip in Ordnung, denn eigentlich mag ich manche Menschen sogar ganz gern, wenngleich sie mir wie alle anderen auch schnell wieder auf die Nerven gehen. Doch genaugenommen war ich lieber ungestört bei meinem Ritual. Nur alleine konnte ich mich inmitten meiner Gewohnheiten wirklich frei entfalten. Und so nahm der Besuch der Spiele mit der Zeit zunehmend den Charakter einer gottesdienstlichen Verrichtung an: eine stille, ernsthafte und höchst ungesellige Angelegenheit, die einen unvernünftigen Einsatz an Zeit und Geld erforderte und einer immer ausgeklügelteren Liturgie folgte.

Alles spielte sich ein. Wann ich anreise und mit welchem Verkehrsmittel. Wann, wo und in welchen Abständen welches Bier getrunken werden muss: ein Elefantenbier auf der Zugfahrt, ein Wolters von der Drogerie im Hauptbahnhof für die Straßenbahn, ein weiteres an der Shell-Tanke neben dem Stadion, das mich bis zur Kontrolle am Einlass trägt. Dass immer dieselbe Flaschensammlerin, eine bis über die Grenze zur Wegelagerei fordernd auftretende Matrone, den Zuschlag auf die leere Dose bekommt. Wann und durch welchen Eingang ich das Stadion betrete und über welchen Weg ich diesen Eingang ansteuere, nämlich entlang diesem komischen Knick hinter den angrenzenden Tennisplätzen (zur Not kann man da auch noch mal rasch an den Zaun pissen; das ist für die Tennisspieler völlig okay). Dass ich das Bier im Stadion immer von den ambulanten Bierverkäufern hole – das geht schneller, ist persönlicher und außerdem bringt es Glück: Einige Heimpartien konnten nur so in letzter Sekunde umgebogen werden. Wo ich saß oder stand, wie lange vor dem Spiel ich mich an diesen Platz begab, wie ich mich an Spieltagen kleidete, wie lange ich hinterher auf meinem Platz verblieb: alles eingefahrene Automatismen, deren Zweck und Herkunft ich mir schon bald nicht mehr erklären konnte. Nun, da ich den ganze Wahn hier nochmal komplett Revue passieren lasse, weisen sämtliche Symptome auf eine eindeutige Diagnose hin: Religion.

Weitere typische Religionsattribute sind die Zweifel, das Leiden, die Sinnlosigkeit, der Ernst, die Märchen, der Gesang, das Lamento und vor allem die hartnäckige Verteidigung des eigenen Irrglaubens Realisten, Spöttern oder Andersgläubigen gegenüber. Dem zugrunde liegt der übermächtige Wunsch, die tiefen Schlaglöcher im eigenen Lebensweg nur irgendwie zu füllen, und sei es auch mit Scheiße. Kein Wunder also, dass ich immer bewusster auf Begleitung verzichtete und diese schließlich, wenn es sein musste, zur Not auch aktiv abwimmelte.

Die Ungläubigen quatschen eh bloß Müll: „Warum spielen die so schlecht?“ „Mann, ist das langweilig!“ „Wieso sind eure Fans so still, sobald es gerade mal keine Gedenkminute zu stören gilt?“ „Was ist das denn jetzt: Hab ich da ‚Maradona‘ gehört? In Braunschweig? O mein Gott, das ist ja schlimm!“

Nein danke. Ich will mit so etwas gar nicht erst konfrontiert werden. Begleitungen sind wie kleine Kinder, niedlich, aber auch anstrengend. Zu ernsthaften Erwachsenenbeschäftigungen nimmt man sie am besten gar nicht mit – das ist für beide Seiten das Beste. Ich habe weder Lust, während eines Braunschweig-Spiels quengelnde und naseweise Banausen bei Laune zu halten, noch sehe ich mich in der Lage, einen solchen Betreuungsaufwand zu leisten. Das macht mein Nervenkostüm nicht mit, meine Geduld nicht und auch nicht meine Nächstenliebe.

Das Spiel absorbiert all meine Aufmerksamkeit und Energie. In Berlin gibt es, nicht weit von meiner Wohnung entfernt, eine Kneipe, die explizit alle Eintracht-Spiele zeigt – ich nenne sie zum Schutz des Biotops hier „Kreuzberger Löwenklause", sonst kommen am Ende noch Touristen. Dort versammeln sich am Spieltag echte Braunschweiger, die nicht wie ich nur den Geburtsort im Pass stehen haben. Expats quasi, die zum Teil im Trikot auflaufen. Ich sitze stumm im Hintergrund und verfolge fokussiert das Spiel. Völliger Tunnelblick. Vor mir kaspern die Braunschweiger rum, unterhalten sich, machen Sprüche. Sie sind für meinen Geschmack oft nicht konzentriert genug; ich vermisse den nötigen Ernst. Fast habe ich das Gefühl, jeder von ihnen wälzt seine Spannung auf mich ab und ich muss die dann ganz alleine stemmen. Ich bin ihr Jesus. Ich trage ihr Leid. Sie wissen es nur nicht.

Auch will ich mich während des Spiels nicht unterhalten. Selbst wenn der Gottesdienst nur im Fernsehen übertragen wird, quatscht man nicht dazwischen. Schweigend trinke ich drei Bier, um der Anspannung besser Herr zu werden – ihrer und meiner. Das zweite Bier wird um die 25. Spielminute herum bestellt und reicht bis zum Ende der Pause. Auch wieder nichts als Rituale. Obwohl ich tagsüber nicht rauche, brauche ich hier eine eigene Zigarette für die Nachspielzeit. Die wird ja mittlerweile inflationär gehandhabt. Sobald einem Balljungen mal das nasse Leder entgleitet, gibt es noch mal vier Minuten obendrauf. Höchst gesundheitsschädlich. Man müsste die Schockbilder auf Kippenschachteln noch um ein Motiv erweitern: die vom vierten Offiziellen hochgehaltene Tafel mit der leuchtenden Ziffer Vier. Sofort nach dem Schlusspfiff erhebe ich mich vom Barhocker, bezahle und gehe nach Hause. Ich drehe mich nicht um. So sehen heute meine Heimspiele aus.

Doch lange genug fror ich live im Stadion. Und ich war nicht der einzige, der litt. Es war ein gemeinsames Leiden an den äußeren

 Umständen, den bescheidenen Fähigkeiten der Spieler und den Resultaten der Mannschaft. Das Stadion als Notlazarett der enttäuschten Gefühle. Und viele litten stumm.

Gerne wird behauptet, dass früher bei den Heimspielen die Stimmung besser war. Doch sie war nicht nur nicht besser, die Spiele waren oft auch noch äußerst bescheiden besucht. Selbst zu Erstligazeiten und erst recht danach. Im Grunde ging es mit den Zuschauerzahlen erst Mitte der Nullerjahre wieder so richtig aufwärts. Dennoch existiert diese unausrottbare Heimspiel-Chimäre. Das überlieferte Trugbild besteht im Wesentlichen aus der Stimmungslüge, „das beste Publikum der Welt", und dem kollektiven Vergessen, dass es auch in Braunschweig Jahre gab, in denen kaum noch einer zu den Spielen ging. Manche können es einfach auch nicht besser wissen, da sie die Gnade der späten Geburt oder des frühen Todes getroffen hat.

Für uns Andere verklärt sich die Erinnerung. Oder sollte man nicht besser sagen, „klärt sich"? Denn wie in einem Klärwerk werden Schmutz-, Gift- und Ballaststoffe hunderter deprimierender Unterklassenkicks aus dem eigenen Erleben gefiltert und übrig bleibt zum Beispiel das 3:1 gegen Bayern München am 12. September 1981 (Tore durch Worm, Grobe und Zavisic; Gegentor: Arschloch). Vergleichbar ist der Mechanismus auch mit einer Gebärenden, die die grauenhaften Geburtsstrapazen zum guten Teil verdrängt, sobald sie den Aufstieg, äh, das Neugeborene in den Armen hält. Alles nur geträumt.

Das heute relativ unvorstellbare Phänomen, dass Berufsfußballspiele stattfanden, die fast kein Schwein sehen wollte, war allerdings nicht auf Braunschweig beschränkt. So waren speziell zu Zeiten der zweigleisigen 2. Liga die Ausschläge extrem. Im Berliner Olympiastadion oder im Niedersachsenstadion zu Hannover, zwei riesigen Schüsseln, verloren sich gegen Erkenschwick oder Viktoria Köln 3.000 Beerdigungsgäste im weiten Rund. Und bei den Heimspielen solcher Teams wiederum mal drei-, mal fünf-, mal siebenhundert Zuschauer – nach unten waren dem Elend praktisch keine Grenzen gesetzt. Kein Wunder, dass die Clubs reihenweise krepierten, nachdem sie sich fälschlich im Profifußball gelandet wähnten. Die Unterdeckung des Etats muss in einigen Fällen mit dem Etat selbst identisch gewesen sein. Da stopfte Mutti noch zu Hause das zerrissene Trikot, während die ausgemergelten Kleinen in ihrer

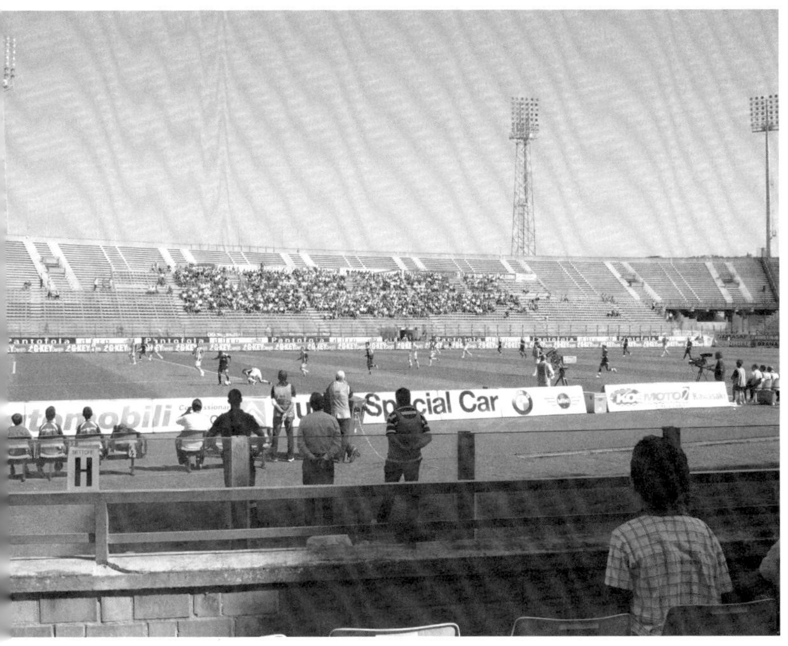

Die Zuschauerzahlen wünschte sich in Italien so mancher Erstligist.

Krippe aus gesammelten Reisern quäkten. „Da hättste doch besser mal 'nen Kesselflicker geheiratet", mault der Schwiegervater seine Tochter an. „Wie soll denn so'n windiger Balltreter für dich und die Kinder sorgen?"

Übrigens überall, wo heute so korrekt wie nachhaltig der Bär steppt, auch auf St. Pauli: dasselbe Bild, dieselbe tote Hose. Vereinzelte Trauergestalten standen stoisch im Regen und verfolgten die unverordneten Geisterspiele, ehe sie stumm weinend in ihre Resopalhöhlen zurückschlichen. Man möchte es angesichts des aktuellen Hypes, der zum Teil bis hinunter in die 3. Liga herrscht, gar nicht glauben. Zuschauerzahlen wie in Rostock oder Magdeburg wünschte sich heute in Italien so mancher Erstligist.

Merkwürdig, dass von diesen traurigen Umständen so wenig in Erinnerung geblieben ist. Hätten wir nicht soeben Wissenswertes über die psychologischen Abläufe in der Traumaverarbeitung gelernt, könnte man denken, es handele sich um ein Schweigekartell ausgewählter Verschwörer. Was die Funktionärsseite betrifft, ist dem bestimmt auch so: Die Vergangenheit soll ruhen, das hippe Spiel mit Superslomo und Sky, Familienblocks, Heizpilzen und ausverkauften Arenen nicht von hässlichen alten Geschichten in den Schmutz gezogen werden. Die Dynamik des kollektiven Vergessens ähnelt der nach einem Völkermord.

Doch wenn die Entwicklungen im Profifußball in diesem Tempo weitergehen (siehe Kapitel „Rückzug") und eines Tages das ganze System zusammenbricht, werden wir irgendwann wieder in die schlechte alte Zeit zurück katapultiert. Und zwar noch bevor die Welt untergeht. Vielleicht passiert ja auch beides auf einmal: Es gibt einen Atomkrieg, die Allianzarena wird zerstört und fast alle Menschen sind tot, selbst Dembelé und Neymar sind in ihren Geldspeichern erstickt. Ein paar Überlebende schlagen sich jedoch so Mad-Max-mäßig durch eine wüst gewordene Landschaft, bis sie am Rande einer verlassenen Siedlung an ein Stadiontor kommen: „Rentner, Schwerbeschädigte, Studenten und Wehrpflichtige zahlen die Hälfte." In der 2. Liga Nord, Saison 2041/42, spielt vor 300 zahlenden Zuschauern der OSV Hannover gegen den 1. FC Bocholt.

Auch gegen Hannover 96 war es nicht immer voll. Obgleich ein Lokalderby, hielt die oft mäßige sportliche Bedeutung viele Leute vom Besuch ab. Voll war das Eintracht-Stadion gegen die Bayern und einigermaßen voll gegen den HSV. Die Bayern, weil sie die Bayern waren und allein damit überall die Stadien füllten. Der HSV wiederum in Erinnerung an die Oberliga Nord, als diese vor der Bundesligagründung noch die höchste Spielklasse war. In jenen Jahren hatte es pro Saison genau *ein* großes Spitzenspiel gegen *einen* übermächtigen Gegner gegeben und das war nun mal der HSV. Diese Ordnung der Dinge war den Braunschweigern schon in die Gene eingeschrieben: Norddeutschland – HSV, Deutschland – FC Bayern, Europa – hat mit uns sowieso nichts zu tun.

Aber wenn es dann ausnahmsweise doch mal voll war, dann war eben auch richtig Feiertag. Für 90 Minuten war der graue Alltag vergessen, der fast den gesamten Rest der Saison bestimmte, und es ging herrlich ungepflegt die Post ab. Legendär. Wenn ein ganzes – und wenn ich schreibe ganzes, dann meine ich ganzes – Stadion aus gutem Anlass und voller Inbrunst „Zieht den Bayern die Lederhosen aus!" singt, dann, ja dann ist das wirklich einfach nur schön, auch und gerade weil das so schnell nicht wieder passieren würde. Beziehungsweise überhaupt nie wieder. Große Momente sind nun mal dadurch gekennzeichnet, dass sie sich nicht beliebig aneinanderreihen wie Stunden, die man beim Warten auf dem Amt verbringt. Die Mondlandung von Apollo 11 ist ja auch nicht mit dem Eintreffen des 104er Busses alle zehn Minuten zu vergleichen. Genau deshalb ist das eine ein großer Moment und das andere ist keiner.

Und obwohl, oder vielleicht auch gerade weil so viele Stadien heute immer voll sind, werden die großen Momente noch seltener. Sie sterben aus. Immer mehr Zuschauer sind immer weniger selbst aktives Element des Spektakels. Die Fußballkonsumenten strömen in ein komfortables Stadion mit großartiger Akustik (in diesem Fall ausdrücklich nicht auf Braunschweig bezogen). Gut gemeinte, aber in jeder Beziehung schwer verunglückte Vereinslieder à la Maradona dröhnen aus den Boxen, dann ziehen die Ultras ihre Gesänge durch. Die anderen Kunden pfeifen sich die Fußballstimmung eben mal so rein wie einen McSupport mit mittleren Pommes und einer großen Cola.

Das Gefühl der eigenen Beteiligung wird kleiner. Und mit Beteiligung meine ich nicht unbedingt hyperaktives Heiserbrüllen, sondern bereits jede Form von Anteilnahme, Eingriffsmöglichkeit und Mitverantwortung. Die Beteiligung hätte sich also durchaus auch im bockigen Schweigen 3.470 Unentwegter anlässlich eines apokalyptischen Offenbarungseids gegen Norderstedt an einem unwirtlichen Novembertag manifestieren können. Auch stummer Protest ist eine mündige Entscheidung, die man dem Publikum überlassen soll. Alles andere kommt mir nach wie vor artifiziell vor. Natürlich haben die Anhänger besagten Dauersupports recht, wenn sie sagen: Ohne uns wäre noch viel weniger los.

Doch dann wäre eben weniger los, so what? Das Schweigen wäre schließlich ein Statement, das nicht von ungefähr kommt. Per aspera ad astra: Denn auf dieser Basis können die einen überlegen, ob sie sich nun nicht besser doch mehr einbringen, weil ihnen die Atmosphäre fehlt, und die anderen, ob die Zeiten gemeinsamen Singens nicht einfach vom Zeitgeist hinweggefegt wurden und niemals wiederkehren werden. Früher also, um erneut den beliebtesten aller Äpfel-und-Birnen-Vergleiche aufzugreifen, war gar nichts besser. Es war nur irgendwie anders schlechter als heute.

Dass ich gegen das Maradona-Lied derart allergisch bin, dass mir beim Hören gefährlich der Hals zuschwillt, habe ich bereits dezent angedeutet. So weit geht es mit der Daueranfeuerung, die unabhängig vom Spielgeschehen aus Block 9 im Eintracht-Stadion schallt, längst nicht. Dennoch frage ich mich manchmal: Warum können die keinen Chor gründen und dann zusammen im Stadtpark singen?

Sorry, ihr engagierten jungen Menschen. Ich weiß, welchen Einsatz ihr bringt, und dass manche von euch auch an einem Montag im Dezember 600 Kilometer weit fahren, um dort wieder den Dauer … äh … den Verein bedingungslos zu unterstützen. Außerdem ist das natürlich auch Geschmackssache. Ich bin eben ein alter Sack. Old School. Ich weiß nicht, wie man diesen Computerkram macht, ich klicke immer alles an – neulich erschien da, potztausend, auf einmal sogar eine nackte Frau! – und hinterher geht gar nichts mehr, verflixt und zugenäht, nur noch stundenlang dieser blaue Kringel. Ich habe diese Zeilen mit einem Pelikan-Füller vorgeschrieben, mein Neffe tippt sie gegen ein paar Bitcoins für mich ab. Man munkelt, Raider heiße nun Twix. Oder doch wieder Raider? Jörg Raider? War das nicht der österreichische Bundeskanzler? Der sich dann selbst erschossen hat, zusammen mit seiner Frau? Und die Weiber sind so vorlaut geworden. Früher genügte ein strenger Blick und sie zogen sich an ihre Stickerei zurück oder versahen klaglos die Ziehung zur zweiten Hauptrunde im DFB-Pokal. Die Stones waren erst fünfzig oder so. Ich finde die ja heute noch ganz dufte. Alles andere verstehe ich nicht mehr.

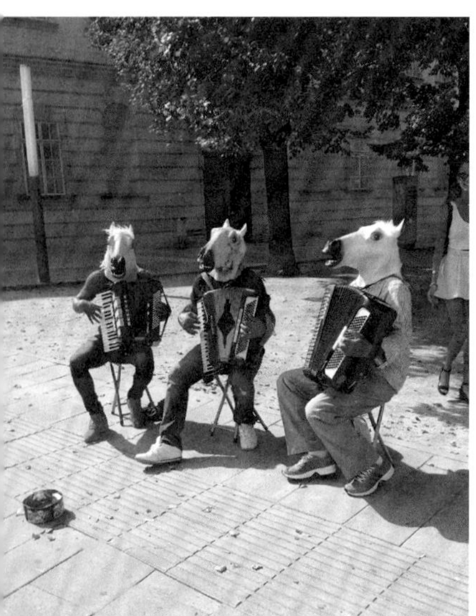

Warum können die keinen Chor gründen?

Hört hier dennoch meine unmaßgebliche Meinung und tröstet euch damit, dass die ja bald zusammen mit mir und meinesgleichen ausstirbt – dann seid ihr bestimmt froh: Wenn den Leuten das Spiel nicht gefällt, zeigen sie das eben. Hinterher kann gerne und heiß darüber diskutiert werden, ob die Leistung wirklich so schlecht war, oder ob nicht doch in Zukunft ein wenig mehr Unterstützung für die Mannschaft angebracht wäre, um einen positiven Synergieeffekt zu erzeugen. Es macht dann allen auch mehr Spaß. Aber der Dauergesang als Selbstzweck hier und Quasi-Dienstleistung für den faulen Rest dort verkleistert den natürlichen Instinkt eines Fußballpublikums. Wenn das Spiel richtig schlimm ist, gibt es zur Pause oder – um der Mannschaft ihre Bewährungschance nicht zu versagen – am besten erst am Ende Pfiffe. Das ist in Ordnung – überall in Kunst, Kultur, Sport und Unterhaltung gibt man dem Kunden adäquate Mittel zur Hand, sein Missfallen auszudrücken.

Was hingegen kein solches Mittel sein darf, ist das Herauspicken, Beschimpfen und Auspfeifen einzelner Spieler. Während des Spiels, bei der Auswechslung, bei der Einwechslung. Man wird sie noch mal brauchen. Das sind Menschen mit Empfindungen. „Bei mir in der Firma …", schreibt dann Schweinchen Schlaumeier gern im Fanforum, oder: „Wenn ich so arbeiten würde …", und niemals ohne den Subtext: „Verdienen ja genug Geld" oder „Das sind Profis, die müssen das abkönnen."

Nö. Denn wer gemobbt wird – und um nichts anderes als Mobbing handelt es sich hier – arbeitet automatisch schlechter, egal an welchem Arbeitsplatz und egal für welches Geld. Also auch „bei dir in deiner Firma". Auf der Haupttribüne – das ist bei jedem Verein so – sitzen in der Regel die Schlimmsten.

„Pfeifen wir den Spieler XY bei seiner Einwechslung mal tüchtig aus", scheinen sie zu denken, „das wird dem jungen Mann Sicherheit geben, ordentlich Beine machen und ist zugleich auch ein tolles Signal an die Mannschaft." Oder was denken die? Vielleicht an das Fresszelt für die VIPs: „Wenn ich mir die letzte halbe Stunde spare, ist gewiss noch genug vom Entenleberparfait da." Oder etwas anderes in der Richtung. „Eintracht" denken sie jedenfalls nicht. Ich wäre dafür, die Spielerbank weg von der Haupttribüne und vor die Gegengerade zu verlegen. Das würde die Nerven sämtlicher Beteiligter ungemein beruhigen.

Natürlich rutscht einem mal ein verzweifeltes „O Mann, du Vollidiot" heraus, aber das ist doch etwas völlig anderes als eine konzertierte Vernichtungsaktion. Deren Wirkung auf die menschliche Psyche sollte nie unterschätzt werden. So verstarb Theodor W. Adorno nur kurze Zeit, nachdem drei Studentinnen ihn in feindseliger Absicht mit ihren blanken Brüsten erschreckt hatten. Buh! Kreisch! Muss es erst so weit kommen, oder wollen wir uns nicht lieber darauf besinnen, dass auch Fußballspieler (und -trainer!) Menschen sind?

Die in puncto negativer Energie allerdämlichste Unsitte und ein Garant zur Verunsicherung der eigenen Mannschaft ist jedoch der Gesang, „Wir woll'n euch kämpfen sehen", den manche Leuchten anstimmen, wenn ihnen das Spieltempo nicht zusagt, die Hämorrhoiden drücken oder die Folgen gelebter Trunksucht eskalieren. Bei denen wären die sonst oft so willkürlich ausgesprochenen Stadionverbote ausnahmsweise mal gut angelegt.

Eine vergleichbare Methode, das eigene Team zu schwächen, zu irritieren und zu entmutigen, wäre allenfalls noch, die Spieler zu vergiften. Man könnte auch Löcher in den Rasen buddeln, kurz vorm Spiel die Töppen wässern und die Schnürsenkel verknoten, oder in einer Druckphase der eigenen Mannschaft Sprengsätze Richtung Spielfeld werfen. Ach so, genau das ist ja auch geschehen im Relegationsspiel gegen Wolfsburg. Die Moral war unten, die Konzentration war weg, das Spiel war futsch. Aber der Haupttäter war ohnehin aus Duisburg, oder?

Die Jungs kämpfen schon. Das sieht doch jeder. Das sind die Basics, ohne die sie der Trainer gar nicht auf den Platz schicken würde, und ohne die sie es in diesem Beruf nie so weit gebracht hätten. Vor dreißig Jahren konnte sich vielleicht noch der eine oder andere verkaterte Zauberer im stand-by durchmogeln, bei der heutigen Spielweise ist das unmöglich. Ich wünschte mir so sehr, ich müsste diesen Kampfschwachsinn niemals wieder hören. Denn sobald der ertönt, erahnt man bereits die bevorstehende Lawine aus Verunsicherung, Zwietracht, Trainerentlassung und Abstieg am Horizont. Anschließend Insolvenz und Tilgung aus dem Vereinsregister. Auf dem Boden des ehemaligen Eintracht-Stadions entstehen weitere Tennisplätze und die Laubenkolonie „Schräge Scholle". Aber 1967 war echt geil.

Als in der Aufstiegssaison beim Heimspiel gegen Union die zentralen „Anfeuerungsblocks" 8 und 9 aus Protest gegen das Klopapier „Sicheres Stadionerlebnis" schwiegen, war die Stimmung übrigens grandios. Dem lag eine so simple wie geniale und dennoch irgendwie ins Vergessen geratene Idee zugrunde: Einen Verein, der Eintracht Braunschweig heißt, feuert man am besten mit „Eintracht!"

an. Dann wissen die Spieler, dass sie gemeint sind. (Bei dem Hit *„lalalala, weitersingen, lalalalala, Text vergessen, scheißegal, lalalalala, wo bin ich hier überhaupt, ach ebenfalls scheißegal, lalala …“* verbleibt der Bezug eher im Vagen.) Das funktionierte allerdings nur, weil in einem Hammerspiel unter Flutlicht der Funke vom Rasen auf die Ränge übersprang. Im schnöden Ligaalltag – das zeigte sich auch in der Hinrunde 2017/18 – klappte das leider schon deutlich schlechter. Was jedoch überhaupt keinen Widerspruch zu oben Gesagtem darstellt: Stimmung selber machen oder bleiben lassen.

Und schon – schlupps! – ist aus dem Heimspielkapitel eine kleine Kulturkritik der Stadionatmosphäre geworden. Das ist das Schöne am Schreiben: Man weiß nie, wo es einen hinträgt. Jeder Text ist ein Schiff, das ohne Mast und Anker durch die schwere See der Beliebigkeit treibt. Der Steuermann ist betrunken, der Kapitän verrückt, und die Mannschaft ist längst über Bord gegangen. Wer möchte, darf das Bild gern als Metapher betrachten: Die Seeleute wären entsprechend meine Gehirnzellen, in der Tiefe lauert der Wahnsinn in Gestalt des Klabautermanns.

Mir selber war und ist es auch bis heute relativ egal, wie viel bei einem Spiel los ist. Der Pfarrer predigt ja auch, wenn nur drei alte Omis dasitzen und eine davon bin ich. Und ist Gottes Wort deshalb ungültig oder auch nur ein Jota weniger wert? Höchstens wenn, wie es früher bei Auswärtsspielen vorkommen konnte, außer mir kein einziger Braunschweiger da wäre, würde ich mich eventuell doch ein bisschen komisch fühlen. Aber der Starke ist ja zum Glück am mächtigsten allein.

Kreuzzug

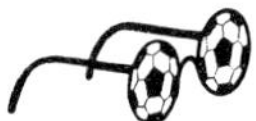

„Alle Nationen sind tapferer, sobald sie für ihren Herd kämpfen, als wenn sie ihre Nachbarn angreifen."
(Friedrich der Große)

Analog zum Märchen vom schönen Heimspiel existiert auch die Sage vom glorreichen Auswärtsspiel. Wir haben die Fernsehbilder von heute im Kopf, die uns glauben machen, es wäre immer so gewesen: dass selbst unter ungünstigsten Umständen (wochentags, Abendspiel, große Entfernung, unattraktiver Gegner) wenigstens ein paar hundert Brauschweiger den Gäste-Fanblock füllen, während sich der Normalfall ohnehin vierstellig beziffern lässt. Viele der Jüngeren sind mit diesen Bildern groß geworden. Sie kennen praktisch nichts anderes.

Doch, ihr Kinder, lasst euch sagen: Auswärtsspiele in den frühen Achtzigern waren ein entsetzliches Elend. Man kennt die Aufnahmen von Sandhausen-Fans in der Fremde: einen nahezu leeren Gästeblock in Großaufnahme, aus dem freundlich sieben Badener winken oder eine selbstironische Polonaise quer über die verwaisten Stehränge vollführen. Bloß, dass wir praktisch selber Sandhausen waren, viele waren Sandhausen, Sandhausen war überall. Sandhausen steckte in den Köpfen der Fußballfreunde und hielt sie verzagt in ihren Stuben zurück, anstatt sie als kühne Kreuzzügler auf weite Auswärtsfahrt zu senden, obwohl eine flächendeckende Übertragung auch nur der Erstligapartien noch in weiter Ferne lag. Kein Denken dran, es gab ja auch Radio. Die Leute hätten es für realistischer gehalten, eines Tages in die Stadien gebeamt zu werden. „Bezahlsender?" Welch Hexenwerk! Ruft man dann da an? Und kommt anschließend ein Mann an die Haustür und kassiert die Kohle für die Übertragung ab: Fünf Mark, Quittung, bitte, danke, Wiedersehen? Es gab ja zunächst noch nicht einmal „Privatfernsehen".

Trotzdem blieben die Fans meist zu Hause, wenn ihre Mannschaft auswärts spielte. Speziell bei Freitagabendspielen in abgelegenen Regionen (Süddeutschland aka Sandhausen), hatte man noch Glück, falls sich ein privater VW-Bus mit Eintracht-Fans auf den Weg gemacht hatte. Crazy, was für Verrückte! So standen wir an einem Freitagabend immerhin zu acht auf der Gästetribüne des Bochumer Ruhrstadions. Braunschweiger mit beigefarbenen Gesichtern, einer trug ein Jägermeister-Trikot, ein anderer einen blau-gelben Hut.

Doch was heißt schon Gästetribüne? So genau nahm man die Trennung in den meisten Fällen gar nicht, es sei denn, es wurde tatsächlich ein echter Auswärts-Mob erwartet. Ansonsten standen in diesem meist zugigsten, ungemütlichsten und oft auch unüberdachten Bereich des Stadions auch Einheimische, denen es im Rest des Stadions zu voll oder zu laut war. Man bedachte die zwei oder vier oder sieben Gästefans mal mit freundlichem Spott, Mitleid, Neugier oder Bewunderung. Eventuell bekam man den Rest von einer kalt gewordenen Wurst. Genauso gut konnte man aber auch mit Bier übergossen, bespuckt oder tätlich angegriffen werden. Wonach sich das im Einzelnen richtete, war mir nie ganz klar. In dieser Hinsicht wiesen die Einheimischen die Unberechenbarkeit von Bären auf.

Und noch einmal zurück zur allgemeinen Zuschauerentwicklung. Was für die Heimspiele der Eintracht galt, setzte sich in den Auswärtsspielen nicht nur fort, sondern erhielt noch eine zusätzliche, ernüchternde Note: Niemand wollte unsere Mannschaft sehen, der der Ruf vorauseilte, unattraktiv zu spielen und notorisch auswärts-

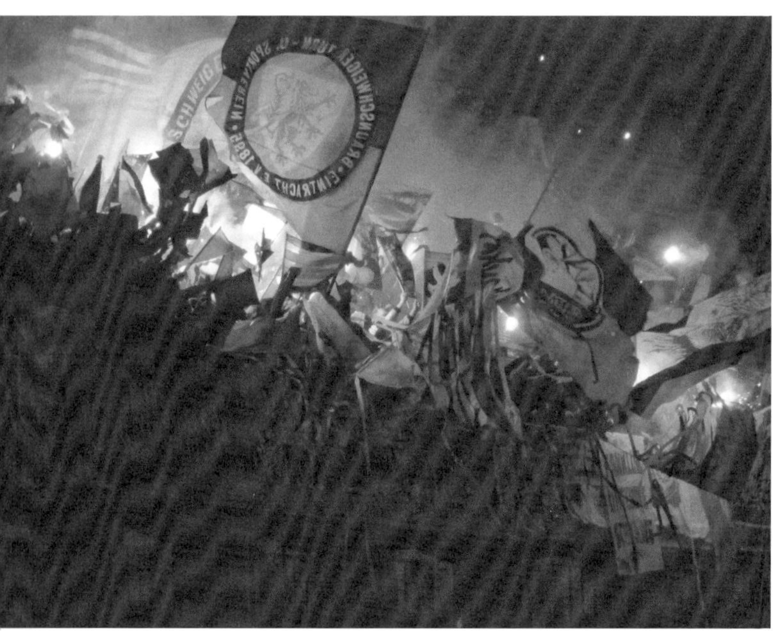

Es wurde ein echter Auswärts-Mob erwartet.

schwach zu sein. Das zu erwartende Durchschnittsergebnis von 3:0 konnten die Sportsfreunde in Stuttgart, Frankfurt oder Mönchengladbach genauso gut am nächsten Morgen in der Tagespresse nachschlagen. Da fror und langweilte man sich wenigstens nicht zu Tode.

Wo wir früher Meppen und heute Sandhausen als Synonym des verzichtbaren Gegners verwenden, besetzten diese Nische in der Bundesliga Clubs wie Bayer Uerdingen und eben Eintracht Braunschweig. Daran sollten wir denken, wenn wir wackere Sandhausener arrogant belächeln, den Ortsnamen als „Sandhaufen" verballhornen und auf ihre Kosten Witze reißen, in deren Zentrum stets ein Dorf, ein leerer Gästeblock und einsame Menschen mit sehr viel Platz stehen. Denn auch sie lieben ihren Verein und haben Gefühle wie du und ich. Und niemals vergessen: Früher nahm Eintracht Braunschweig diese Rolle ein, waren wir das Objekt des Hohns, und die Anhänger der Heimmannschaft blieben wegen uns und unserer Mannschaft weitgehend dem Geschehen fern. Was wir so sehr liebten, galt woanders nur als nichtssagendes Ärgernis, im Grunde ein Loch im Spielplan.

So erinnere ich mich an siebentausend Zuschauer in Köln-Müngersdorf. Zehntausend im eisigen und gähnend leeren Münchner Olympia-Stadion. Das war die ganz normale Realität in den Achtzigerjahren. Keiner wollte die Eintracht sehen. Die spielte die Stadien quasi schon vor dem Anpfiff leer. Und in Erwartung eines leeren Stadions blieb auch der Rest der Leute lieber gleich zu Hause. Dort gab es immerhin frischen Apfelkuchen.

Ein weiteres Argument pro Apfelkuchen war, dass die Braunschweiger Mannschaft ihrem Ruf als Langweiler alle Ehre machte. Vor allem in der letzten zusammenhängenden Erstliga-Periode des Vereins zu Beginn der 1980er Jahre galt das praktizierte Fußwerk seiner Spieler als Inbegriff der Schlichtheit. Der hausbackene Stil langte oft so gerade noch, um wenigstens das eine oder andere Heimspiel hinzubiegen. „Die Zuschauer im Rücken" pflegte man dazu zu sagen. Der damalige Rechtsaußen Peter Geyer fand für diesen Heimnimbus später auch ganz andere Worte: Ein Suppenteller voller Captagon-Kapseln in der Kabine, von dem sich jeder vor dem Gang aufs Schlachtfeld noch mal eben schnell bedient habe. Doch da muss er sich verguckt haben. Doping im Fußball gab es zum Glück nicht, man machte sich nur eben mal kurz frisch. („Doping?

Wir? – Niemals!“ von Daniel Theweleit in der taz; 10.08.2007) Und hatte die Zuschauer dann nicht mehr nur im Rücken sondern auch im Blut.

Einige aus jener Spielergeneration hatten bereits beim Betreten des Rasens derart viel Naturschaum vor dem Mund, dass sie sich wahrscheinlich vor dem Spiel noch rasch einen runterholen mussten, damit der Dopaminspiegel auf einen die Spielfähigkeit so eben noch erhaltenden Level sank. Das genügte den allgemeinen Ansprüchen – die vielen durchgedrehten Holzhacker auf dem Platz fielen kaum jemandem auf. Nach zeitgenössischer Regelauslegung wurde ein Feldverweis allenfalls erteilt, wenn der Gefoulte stationär behandelt werden musste. Doch der Sport verlangte ja auch noch nach der nötigen Körperkoordination, um dem enteilenden Gegenspieler zielgenau das Bein zu brechen. Deshalb konnte Doping ja nichts bringen, wie unter anderen die hochkarätigen Experten und Sportmediziner Dutt, Klopp und Scholl nicht müde werden zu beteuern; also wird im Fußball auch nicht gedopt.

Dabei wäre das für die Auswärtsspiele gar nicht schlecht gewesen. Tilidin, irgendwelche Mutmacher, vielleicht auch Alkohol oder THC. Einfach nur irgendwas. Vor allem für uns Fans. Denn in der Fremde rieb man sich regelmäßig die Augen und fragte sich, wo denn bei der Eintracht der gewohnte Heimspielschaum geblieben war. Schüchterne Braunschweiger Buben fuhren über die Jahre hinweg immer mal wieder mit eindrucksvollen Ergebnissen nach Hause: 0:6 und 0:8 in Köln. 0:10 in Mönchengladbach. Don’t mention the war!

Die letzten Jahre der Eintracht in der ersten Bundesliga. 1981 bis 1985. Gut hätte man auch darauf noch verzichten können. Sie waren eh nur ein Abklatsch früheren Glanzes und ein Vorgeschmack auf die dürren Jahrzehnte, die nun folgen sollten.

Als Fan, der stets in der Diaspora wohnte, habe ich wahrscheinlich mehr Auswärtsauftritte als Heimspiele gesehen. Die Spielorte lagen meinem jeweiligen Wohnort meist näher als das Eintracht-Stadion. Von Bayern aus: München, Nürnberg, Stuttgart. Augsburg gab es irgendwie noch nicht – die suchten wahrscheinlich noch per Zettelaushang Spieler für eine Mannschaft – und das skurrile Unternehmen Unterhaching startete auch erst später. Von Berlin aus: alles im Osten (und auch die Heimspiele waren nun endlich näher gerückt). Während der Freundin in Bochum: alles im Westen. Als sie in Hamburg wohnte: alles im Norden.

Die Routine der Heimspiele fehlte dabei in der Regel. Nur da, wo ich als Berliner so häufig aufschlug wie in der Alten Försterei bildeten sich ansatzweise vergleichbare Abläufe aus. Wie bekomme ich eine Karte für den Gästebereich? Als Nicht-Dauerfahrer war es über den Verein oft schwierig, so dass ich eigene Quellen anzapfen musste. Wann muss ich dort sein, um noch vor Anpfiff durch das Nadelöhr eines grotesk feindseligen Gästeeinlasses geschlüpft zu sein? Fahre ich trotz Winterwetters mit dem Fahrrad nach Köpenick, da die BVG bis heute nicht zu wissen scheint, dass sich dort ein Fußballstadion befindet, von dem an Spieltagen 20.000 Zuschauer abtransportiert werden müssten?

Ebenso wie die Heimspiele besuche ich auch die Auswärtsspiele am liebsten allein. So wenig man mit Ungläubigen in den Tempel geht, so ungern hat man sie auf einem Kreuzzug dabei. „Na, nu nimm doch mal einfach deine Freundin mit“, könnte an dieser Stelle jemandem einfallen. Ha, das Thema hatten wir hier ja noch gar nicht. Freundin mitnehmen: ganz schlecht, solange es sich nicht um eine extrem grobschlächtige, grausame und gemeine Person handelt, oder aber sie sich sehr für Fußball interessiert.

Nichts davon trifft auf sie zu. Dennoch haben wir schon einige der für uns Berliner bequem erreichbaren Auswärtsspiele besucht, quasi meine persönlichen Heimauswärtsspiele. Wir waren im Olympiastadion, an der Alten Försterei und in Babelsberg. Cottbus schlug ich lieber erst gar nicht vor: Das wäre mir, wie auch Dresden, zu haarig gewesen, da fuhr ich lieber alleine hin. Doch einmal habe ich sie blöderweise mit nach Magdeburg genommen.

Das Spiel sei total wichtig, hatte ich gesagt. War es ja auch. Für mich, hatte ich gesagt. So ein Quatsch, hatte ich gesagt, nicht für mich natürlich, sondern für den Verein. Also doch für mich. Für uns. Mich und den Verein und mich. Hatte ich gesagt.

„Die sind ja toll, deine Braunschweiger“, schlug es mir zu Beginn der zweiten Hälfte entgegen. Bei all meiner Unbedarftheit war mir der ironische Tonfall nicht entgangen. Sie sprach die Worte, als sie mit Bier für uns beide auf die Tribüne zurückkam. Sie hatte allein angestanden, damit ich solange nichts vom Spiel verpasste. Wenn mir diese Scheiße anscheinend so wichtig war, die ihr selbst kilometerweit am Allerwertesten vorbeiging, gut, dann war sie mir eben wichtig. Exakt so sehen Indikatoren für eine gelungene Wahl der Lebensgefährtin aus. Den Fang sollte man diesmal besser nicht so leichtfertig verdaddeln wie sonst immer.

Ich hatte sie zuvor gewarnt, dass die Einheimischen etwas unangenehm werden könnten. Magdeburger eben. Mit denen seien die Braunschweiger sogar befreundet, doch mit dieser falschen Entscheidung hätte ich nichts zu tun. Möglicherweise, so quakte ich allgefällige Klischees in die Atmosphäre, würden wir heute echte Rechtsradikale in freier Wildbahn bei ihren unguten Umtrieben beobachten können. Nun erwartete sie eine Horde Abgehängter, die in einem fort ausländerfeindliche Sprechchöre absonderten.

Eine schlechte Idee, nicht alleine hinzufahren, hatte ich auch deshalb bereits auf der Hinfahrt gedacht. Wie eigentlich immer. Denn man vergisst in seiner Betriebsblindheit völlig, wie so ein Auswärtsspiel auf einen ganz normalen Menschen wirken muss. Und das auch noch in Magdeburg, ogottogottogott, wie konnte ich nur. Überdies drohte im Vorfeld der Spiele immer die Gefahr, dass ich wegen einer Art Lampenfieber ungeduldig, unaufmerksam und kurz angebunden sein würde, was man ja im Umgang mit der Liebsten auch nicht gerne ist. Um dem entgegenzutreten und mich ein wenig aufzulockern, trank ich schon am Morgen Dosenbier im Regionalexpress. Was auch wieder vom Standardverhalten abwich. Ich wäre total komisch gewesen, sollte sie später sagen, so hätte ich ihr überhaupt nicht gefallen.

Aha, der Schnuffelputz wies also auch seine unangenehmen Seiten auf, schau an. Die Metamorphose zum schrecklichen Schnuffelputzator wurde offenbar durch Spiele seines komischen Kaffklubs ausgelöst. Quasi eine Verwandlung zum Werwolf, nur eben durch den Spieltag statt durch Vollmond. Um von mir abzulenken, warnte ich nochmals eindringlich vor den Magdeburgern und stellte sie als gottlos verwilderten Menschenschlag hin, die vergiftete Speerspitze Ostelbiens.

Schlimm waren dann aber wieder nur die Braunschweiger. Es war peinlich und ekelerregend, was sich vor allem in der Halbzeitpause abspielte. Noch Jahre später musste ich mir anhören, das sei mit das Übelste gewesen, das sie je gehört hatte. Dieses kollektive: „Ihr Ostfotzen! Macht schneller, ihr Scheißostfotzen!“, gleichzeitig spuckend aus Dutzenden besoffener Kehlen. Mit den Magdeburge*rinnen* waren sie anscheinend nicht befreundet.

Und das alles nur, weil die rotwangigen und angenehm nach Grießbrei und Pflaumenkompott duftenden jungen Bierstandbediensteten angeblich nicht schnell genug zapften. Evangelische Jungfrauen, die sonst ehrenamtlich aus dem Nest gefallenen Vogeljungen die verschobenen Menisken schienten und sich dafür hier ein Zubrot verdienten.

Überhaupt ist es erschreckend, wie oft man das F-Wort in Stadien hört, wie ungehemmt sich eine offenbar nur mühsam unterdrückte Misogynie Bahn bricht, sobald man sich „unter sich" glaubt und ein paar Schranken fallen. Jaja, ich weiß schon: Fußball, Ponyhof, Goldwaage, blablabla … geschenkt! Und doch gäbe es noch genügend andere hässliche Schimpfwörter für diejenigen, die unbedingt im Matsch spielen wollen. Man weiß also gar nicht, woher der inflationäre Gebrauch von gerade diesem kommt – Mutti böse? Ehefrau nervt? Kollegin klug? Freundin weg? – möchte es auch nicht wissen; sollte es aber eigentlich, damit vielleicht auch mal wieder irgendwas ein kleines Stück vorangeht. Zugutehalten konnte man den Pöblern, dass wir alle etwas nervös waren bei diesem Nachbarschaftsduell, in dem es für beide Teams darum ging, den drohenden Sturz in die Viertklassigkeit zu verhindern.

Ich kam mir vor wie eine Mutter, die ihre missratenen Kinder der gestrengen Erbtante vorstellt. Man schärft ihnen vorher ein, sich zu benehmen, bürstet ihnen das Schwarze von den Händchen, steckt sie in allerliebste kleine Matrosenanzüge. Man möchte sie positiv präsentieren, hätte so gern, dass sie der Tante gefallen, man will doch nur ein kleines bisschen stolz auf sie sein, obwohl man im Grunde weiß, dass es keinerlei Anlass dazu gibt. Und kaum sind sie dort, strecken sie ihr die Zunge raus, zerschlagen das teure Porzellan, zausen das Polsterkätzchen, lassen den Vogel aus dem Käfig, springen mit Schuhen auf dem Sofa herum, als wäre es ein Trampolin, und beschimpfen sie als „Ostfotze".

Gedemütigt und schweigend fährt man danach nach Hause – die Kinder hat man gleich dort gelassen. „Was hast du mir denn da erzählt?", darf man sich die ganze Rückfahrt über anhören. „Deine Braunschweiger sind doch viel schlimmer als die Magdeburger." Zu allem Überfluss half das Unentschieden keinem der Kontrahenten wirklich weiter.

Begebenheiten dieser Art gab es noch mehr. Eine frühere Freundin musterte mich mal bei einem Auswärtsspiel in Essen mit zunehmender Faszination von der Seite. Als ich sie darauf ansprach, sagte sie, sie hätte bis dato nicht geahnt, dass auch ich zu starken Emotionen fähig sei. Sie war an mein eher flaches Temperament gewöhnt, das wie bei so vielen Kindern der 1960er Jahre an lebende Totgeburten erinnerte. Nach ihrer unglücklichen Niederlage warteten etwa tausend Essener vor dem Gästeblock – sie hatten offenkundig Diskussionsbedarf. Womöglich wollten sie uns mitteilen, dass die von Braunschweiger Seite aus abgeschossenen Raketen, die bei ihnen auf der Tribüne gelandet waren, sie menschlich und moralisch irritiert hätten. Und ob wir das in Zukunft nicht vielleicht bitte besser lassen könnten, das wäre super, danke.

Emotionen also allerorten, es war die reine Gruppentherapie. Daher dauerte es mindestens eine Stunde, bis wir sicher aus dem Stadion waren. Auch das machte wieder einen schlechten Eindruck. Es war wie mit all den anderen klugen Mädchen: Ich hatte einfach keine Argumente, die für mein Hobby sprachen, ob auswärts oder zu Hause. Was war das für eine Freizeitbeschäftigung? Warum waren wir nicht ins Kino gegangen? Da war es warm, man musste nicht zwei Stunden lang stehen, die Gewalt war Fiktion, und hinterher am Ausgang wollten einen nicht irre Fanatiker in Divisionsstärke verkloppen. Im Jahr 2000 mitten in Deutschland.

Wenn ich alleine unterwegs war, wurde mir auf der Rückfahrt meistens der Schal geklaut. Das soll ja unter Fans als ehrabschneidend gelten, doch gefühlt wurde einem eigentlich ständig der Schal gezogen. Was nicht weiter schlimm war, war ja meistens Sommer. Im Grunde war man froh, da man dann nicht mehr so schwitzte. So auch in diesem Fall: Nach reichlichem Biergenuss war ich in der Eisenbahn eingeschlummert. Als ich erwachte, war das Abteil plötzlich voll mit hässlichen kleinen Gladbachern, die mich piesackten. Ich war auf dem Rückweg von einem Zweitligaspiel in Freiburg, wo ich unter 3.000 Zuschauern einmal mehr der einzige Braunschweiger gewesen war; die Borussen kamen von einer Bundesligapartie in Stuttgart. Der Schal war schon weg, mein Erwachen erlebte der gar nicht mehr mit, zumindest nicht mehr in seiner Funktion als *mein* Schal. Was mit ihm passieren würde, konnte ich mir ausmalen: Die Spitzbuben würden ihn rituell verbrennen und ihr Ego würde von diesem Triumph noch jahrelang zehren.

Der Kindheit weitgehend entwachsen, verbrachte ich Teile der in Bayern stets sehr späten Schulferien mit meiner komischen Passion. Das verhielt sich mit den Auswärtsauftritten nicht anders als mit den Heimspielen. Entweder war ich mit dem Tramper-Ticket der Bundesbahn (vier Wochen durchs ganze Land zu einem Pauschalpreis von circa zweihundert Mark) von Jugendherberge zu Jugendherberge, von Spielort zu Spielort, von Stadion zu Stadion unterwegs. Oder per Anhalter von Raststätte zu Raststätte und von Autobahnauffahrt zu Autobahnauffahrt. Im Grunde trampte man die ganze Zeit. Es war Sport und Abenteuer, Zeitvertreib und Glücksspiel in einem. Vor allem aber eine gängige Form des halböffentlichen Personennah- und -fernverkehrs. Manchmal schlief man auf einer Bank in der Autobahnraststätte oder daneben im Gebüsch, wenn man spät nachts ums Verrecken nicht mehr weiterkam. Konzepte wie „Mitfahrgelegenheit“ und „Benzinkostenbeteiligung“ steckten noch in den Kinderschuhen. Das topmoderne Wort „Mitfahrzentrale“ sollte ich erst an der Uni kennenlernen, die ich zum Glück zugunsten eines freien und selbstbestimmten Lebens in Armut und Minderqualifikation schnell wieder verließ. Zurück trampte ich auch nach Flutlichtspielen stets am selben Abend. Mitten in der Nacht, mit meiner Bierfahne einsam im Dunkeln an einer Auffahrt stehend. Besonders Berlin lief immer, ich wurde schnell mitgenommen, auch von allein fahrenden Frauen. Die meisten fuhren mich direkt vor meine Haustür. Irgendwie waren die Leute lässiger als heute, vielleicht hatten sie auch weniger Angst vor dem Tod. Sie wurden ja damals ohnehin noch nicht so alt, und bestimmt war es besser für die Nerven, dass es weder Internet noch Russia Today gab, um die allgemeine Hysterie zu schüren. Jetzt spinnen ja alle nur noch rum.

Exemplarisch für meine frühen Auswärtstouren war das Spiel in Stuttgart. Ich war Schüler, wieder waren Sommerferien und ich reiste auf Tramper-Ticket mit einem Kumpel, den ich unter Vorspiegelung falscher Tatsachen („Ein Superverein! Grandiose Stimmung! Ein Wahnsinnsmob, da geht auch auswärts immer die Post ab!“) mit zu den ersten Saisonspielen gelockt hatte, die ja eigentlich nur ich sehen wollte. Wir bewegten uns lange vor Spielbeginn durch Cannstatt und suchten eine Kneipe. Das Biertrinken hatten wir relativ frisch gelernt, nun übten wir fleißig. Natürlich trug ich meinen blau-gelben Schal. Ich war damals zwar nicht mutiger als heute, aber dafür noch weitaus dümmer.

Da sahen wir von weitem drei Gestalten wild winkend auf uns zu rennen, als wären wir ein rettendes Schiff: Braunschweiger! Es wirkte wie ein Inselwitz, noch dazu, da sie mit ihren langen fettigen Haaren und in ihren Kutten aussahen wie Schiffbrüchige. Eine gute Kutte der Art, wie sie heute nur noch ein paar Faktoten tragen, muss unbedingt den Look und das Odeur ausstrahlen, als wäre sie achtmal durch die Scheiße gezogen, anschließend verbuddelt und Jahre später wieder ausgegraben worden, ähnlich wie man es von skandinavischen Fischspezialitäten kennt. Und diese Kutten waren gut.

Die Braunschweiger waren aus Wolfenbüttel, älter als wir, wahrscheinlich schon 20 oder so, voll erwachsen und bestimmt irre harte Jungs. Ihre blaugraubraunen Gammellumpen wurden kunstvoll von zahllosen Aufnähern zusammengehalten: darunter die Embleme der fiesesten englischen Vereine mit den fiesesten Fans (damals: Millwall, Chelsea, Leeds United), obszöne Hannover-Schmähungen und launige Botschaften zweifelhaften politischen Inhalts. Mit dem Straftatbestand der Volksverhetzung nahm es keiner sonderlich genau. Doch sie hatten niemanden außer uns – wir waren wieder mal die einzigen und das am ersten Spieltag der Saison. Besser also wir als gar keinen Gesinnungsgenossen. Wir verbrüderten uns in einer Spelunke. Die anderen waren über Nacht mit dem Zug gefahren. So etwas ging damals noch. Mit dem Zug. Über Nacht. Und zwar ganz regulär und nicht, weil mal wieder der Triebkopf eines ICE abgeschmiert war. ICE gab's eh nicht. Das Spitzenprodukt der Bundesbahn hieß D-Zug, hielt auch in Donauwörth und klapperte beim Fahren. Man konnte die Fenster öffnen und kackte auf die Schienen – das eine steht mit dem anderen übrigens nicht in direktem Zusammenhang, dafür beides mit den hartgekochten Eiern als dem zeitgenössischen Reiseproviant Nummer eins. Für Braunschweiger war die Anbindung an zivilisationsnähere Infrastruktur mit einer besonderen Schikane verbunden. Zu Zonenzeiten und noch eine Weile danach mussten sie dazu entweder in Hannover oder IN KREIENSEN UMSTEIGEN (siehe Kapitel „Heimat“).

Überhaupt war vieles anders. Die Telefone waren durch eine Schnur fest mit der Wand verbunden. Die Politiker großer Volksparteien konnten noch viel offener sagen, wie sehr sie Journalisten oder auch die Demokratie verachteten. Die Autos besaßen keinen rechten Außenspiegel. Eine Kugel Speiseeis kostete zwanzig Pfennige, eine Polizeikugel war sogar umsonst. Im Sommer schien immer die Sonne. Bundeskanzler war, weiß nicht, wahrscheinlich Bismarck oder Helmut Schmidt oder so.

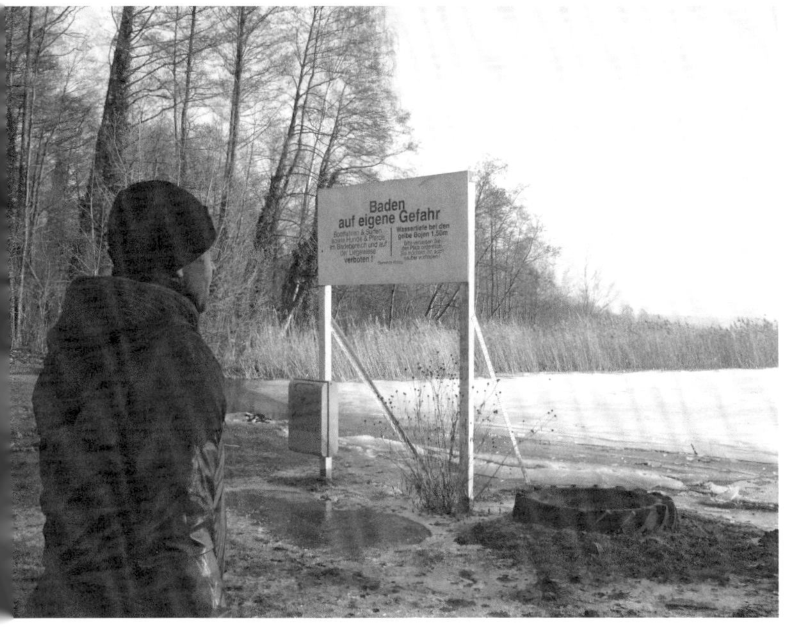

Im Sommer schien immer die Sonne.

Hass

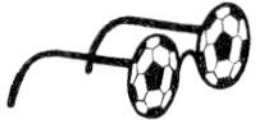

„Als Coordes' Schäferhund ‚Rex', vom Trainer selbst scharf abgerichtet, erst den Dackel ‚Bärry' und dann auch noch den Sportjournalisten Gerd C. Schneider biss, der seinem Hund zur Hilfe kommen wollte, wurden die Berichte beinahe dramatisch."
(Der Spiegel, 15.06.87)

Apropos Helmut Schmidt. Die krass harten Wolfenbütteler rauchten irgendwelchen Knaster Kette. Ich war stolz wie Bolle. Sie sprachen mit uns wie mit erwachsenen Bösewichtern. Als gehörten wir dazu. Der Chef der Kuttenträger, zu erkennen an den fettigsten und längsten Haaren sowie der dreckigsten Kutte, zeigte uns eine kleine Narbe am Unterarm. Die hatte ihm angeblich ein Bremer zugefügt. Im Todeskampf, klaro. Denn er selbst hatte natürlich viel gründlicher zugestochen, als die Schweine vorige Saison vergeblich versucht hatten, im Eintracht-Stadion die Gegengerade zu stürmen. Die feigen Ratten hatten einen Moment abgepasst, als die Zugangstreppe gerade von nur wenigen Kämpfern verteidigt wurde, da die anderen alle gerade pissen oder Bier holen waren. Die Gegengerade war zu jener Zeit Standort der Härtesten der Harten. Die Südkurve, der ursprüngliche Fanbereich, zerfiel und war teilweise mit merkwürdigen Holzbarrieren abgesperrt. Der Anblick erinnerte an vernagelte Bretterbuden auf einem schon vor Jahren stillgelegten Rummelplatz.

„Acht Monate Knast." Ungerührt verkündete der Oberwolfenbütteler das Urteil für seine heldenhafte Missetat. Und jetzt Bewährung. Eigentlich hatte er die gerichtliche Auflage erhalten, sich in einem Umkreis von zehn Kilometern von Fußballstadien fernzuhalten. Scheißegal. Der Staat konnte ihn mal. Unsere einzige Autorität war schließlich die Eintracht.

Wow! Hardcore! Werder! Auflagen! Die Nordderbys waren immer lustig. Gut, „Todeskampf" hatte er jetzt nicht direkt gesagt. Sonst hätte man davon sicher in der Zeitung gelesen, und ich verschlang ja alles, was auch nur im Entferntesten mit den Leistungen der ruhmreichen Braunschweiger Jungs zu tun hatte. Das verschaffte mir das Gefühl, auf der in meinen Augen richtigen Seite zu stehen: der Seite des Bösen. Wir waren die, die immer die Münzen in das Seehundebecken warfen.

Im Nachhinein bin ich mir sicher, dass da gar nichts war. Kein Messer, kein Knast nichts. Die Narbe stammte vermutlich von einer ungünstig hervorstehenden Büroklammer in dem Versicherungsbüro, wo er katzbuckelnd seine Ausbildung machte. Wäre da auch nur ein winziges Körnchen Wahrheit dran gewesen, hätten diese traurigen Vertreter des Prähooliganimus wohl kaum die Gesellschaft von zwei flaumbärtigen Oberschülern gesucht, denen warmes Dosenbier gleichermaßen Kühnheit und verschwommene Sicht der Dinge verliehen hatte.

Denn immerhin spreche ich hier von Zeiten, lange bevor sich anabolikagemästete Orks auf Waldlichtungen vermöbelten. Dafür besaß die märchenhafte Überlieferung von Mund zu Mund eine ähnliche Bedeutung wie in voralphabetisierten Zeiten. Alles wurde zu bizarren Heldenepen aufgeblasen, alles und vor allem nichts. So ähnlich muss auch die Ilias entstanden sein: Aus einer kleinen Horde durchgeknallter Wilder, die sich ihre morschen Beile um die Ohren schlugen, wurde in der Überlieferung eine gewaltige Ebene, bedeckt von achtspännigen Streitwagen und schimmernden Rüstungen, so weit das Auge blickte. Homer soll ja auch nicht besonders gut gesehen haben. Da hat er halt was dazu erfunden. Quasi der Videobeweis der Antike.

Zerschellte nun auf einer Auswärtsfahrt eine Flasche versehentlich auf dem Bahnsteig, ging die Kunde in einer Mischung aus Stiller Post, indianischer Überlieferung und Grimms Märchen von Mund zu Mund und wurde schließlich unter dem konspirativen Schweigen sämtlicher Beteiligter zu einer Massenschlägerei stalingradesken Ausmaßes aufgebauscht. Totschläger, Nunchakus, Fahrradketten und Eisenstangen. Und hatte da nicht auch einer 'ne scharfe Knarre von dem Bullen, der niedergeschlagen wurde, weil er im Gegensatz zu seinen Kollegen nicht rechtzeitig flüchten konnte? All das zum unsterblichen Ruhme unserer Eintracht und ihrer treuen und eisenharten Fanatiker, gefürchtet im ganzen Land. Und wir waren ein Teil davon, nicht nur die drei Wolfenbütteler, sondern auch mein Kumpel und ich, wir tapferen Wichserlein.

So eine Legendenbildung gehörte bei allen Vereinen dazu. Ich möchte gar nicht bestreiten, dass auch damals schon hässliche Dinge passiert sind, aber der Stil war ein anderer. Und auch das Kaliber. Denn nichts gegen Malerlehrlinge. Auch die können theoretisch furchterregend sein, von Kunstmalern mal ganz abgesehen. Trotzdem macht es einen Unterschied, ob man es mit einem frustrierten Malerlehrling mit kaum fünf Haaren am Sack zu tun hat, oder mit einem Kampfsport-Ass, dessen Blut zwar 0,0 Promille Alkohol enthält, doch stattdessen Spuren von Kokain, Speed, Tilidin und vielleicht sogar von Nüssen.

Die Schläger-Sagen gingen in der Fanszene jedenfalls weiter von Mund zu Mund und wurden mit immer haarsträubenderen Details versehen, um Novizen wie uns in Stuttgart zu beeindrucken. Doch woher stammte überhaupt erst meine passive Begeisterung für solcherlei Kasperkram?

An dieser Stelle hilft vielleicht ein Blick zurück. Im Februar '81 spielte Braunschweig im Pokalviertelfinale gegen den HSV. Die Eintracht war zweiter oder dritter der 2. Liga Nord, noch so einem Provisorium mit bescheidener Lebenserwartung. Dort durfte sie sich unter anderem mit im Vereinsregister eingetragenen Karteileichen wie Herford oder Rot-Weiß Lüdenscheid auseinandersetzen. Der HSV war Tabellenführer der Bundesliga. Stein, Kaltz, Magath, Hartwig, Hrubesch, et cetera. Eine mit Stars nur so gespickte Elf, in der auch der endgültig in Abdankung befindliche Kaiser Franz noch ab und zu aktiv auslaufen durfte. Er konnte zwar kaum noch stehen, zog aber dennoch wie der Heilige Geist unsichtbar die Fäden.

Ich verfolgte das Spiel in der Südkurve. Die war zwar noch nicht gesperrt, doch der harte Kern war bereits der besseren Akustik wegen in die frisch überdachte Gegengerade umgezogen. Ich gehörte eher so zur weichen Schale. Nach 120 dramatischen Minuten mit zweimaligem Rückstand siegte die Eintracht schließlich mit vier zu drei. Ich glaube, das war für mich bis heute das Spiel der Spiele überhaupt, doch darum soll es hier nicht gehen.

Sondern um das Nachspiel. Meine persönliche dritte Halbzeit, beziehungsweise die fünfte, denn es hatte ja Verlängerung gegeben. An der Hamburger Straße stieg ich, von einem der wenigen glücklicheren Momente meines Lebens beseelt, in die knackevolle Straßenbahn. Eintracht- und HSV-Fans mischten sich vordergründig ohne Probleme, obwohl auch in Deutschland Fantrennung nach englischem Vorbild nicht mehr ganz neu war. Doch natürlich waren die meisten Leute damals wie heute vollkommen friedliche Stadionbesucher.

Dazwischen ich, ein pickeliger Knabe mit einem meterlangen blaugelben Strickschal, der unter dem vorigen Weihnachtsbaum hervorgeleuchtet hatte. So stand ich da, war froh und auch mal wieder sinnlos stolz. Persönlich hatte ich ja nichts erreicht und auch nicht mitgeholfen. Vielleicht dreimal stimmbrüchig „Eintracht“ gequiekt – das wird Ronnie Worm gewiss den entscheidenden Schub beim Siegtreffer verliehen haben.

Da schob sich von schräg hinten eine Hand an der Haltestange vorbei und griff mit Daumen, Mittel- und Zeigefinger fest nach meiner Nase. Der Griff verbot mir jede weitere Bewegung. Eine Stimme ergänzte das Verbot um eine Forderung: „Den Schal …“

Im Augenwinkel erfasste ich einen in HSV-Farben gekleideten Jugendlichen, vielleicht zwei Jahre älter als ich, schulterlange blonde Haare, böser Blick. Harte, böse Finger auch. Diese begannen nunmehr an meiner Nase zu drehen: aus meiner Sicht gegen, aus seiner im Uhrzeigersinn. Die einsetzende Folter empfand ich als kontraproduktiv. Also auch aus seiner Sicht, ohne mir jetzt allzu sehr seinen Kopf zerbrechen zu wollen. Aber wie sollte ich denn so den Schal hergeben?

Gern würde ich an dieser Stelle nun von einer abenteuerlichen Wendung berichten: Wie ich mich heldenhaft weigerte, auf alle Schmerzen pfiff, den Schal verteidigte, erst die abgeschraubte Nase zurückeroberte und unter dem Beifall der erwachsenen Braunschweiger im Wagen dann zu einem unwiderstehlichen Gegenangriff überging. Wie der Hamburger Bursche weinend um Gnade flehte, wie an der nächsten Station (Gesundheitsamt) sämtliche Hanseaten die Flucht ergriffen und heulend im feuchtkalten Nebel verschwanden, der sie einst geboren hatte wie der Schaum die Aphrodite.

Aber scheiß auf die erwachsenen Braunschweiger im Wagen: Nicht, dass mir irgendeiner von denen geholfen hätte. Sie diskutierten einfach weiter mit den Hamburgern darüber, wie sich deren überhebliche Truppe dermaßen hatte düpieren lassen können (das Kaisersyndrom?), während sich direkt neben ihnen ein unglaubliches Drama abspielte. Vielleicht reichte ihnen die nur angedeutete Gewaltanwendung nicht aus, um einzugreifen. Wahrscheinlich aber fehlte es schlicht an Loyalität. Der viel beschworene Zusammenhalt in der Kurve ist auch nur eine der Legenden, die sich unwidersprochen von Fangeneration zu Fangeneration fortpflanzen. Ich bin Zeuge zu vieler interner Anfeindungen und Prügeleien geworden, als dass ich an den Unsinn der verschworenen Gemeinschaft glaubte. Ganz davon abgesehen, war dies hier keine Kurve, sondern eine Straßenbahn. Auch wenn die gerade um die Kurve fuhr.

„Haha, guckt mal, der gibt seinen Schal freiwillig her", sagte der HSV-Arsch voller Stolz darüber, so ein blasses Wichtelmännchen abzuziehen. Er ließ meine Nase los und den wunderschönen, blau-gelben Strickschal, den mir meine Großmutter geschenkt hatte, unter seinem Pullover verschwinden. Das war gemein.

Ich denke, das war mein erster Kontakt mit den harten, nicht selten (circa zwei in hundert Jahren) tödlichen Auseinandersetzungen im deutschen Fußball. Nun mag manch einer denken: Große Güte, es war nur der Strickschal von seiner Oma – hier ist das Dorf, da ist die Kirche, bitteschön!

Doch man sollte niemals die Eigendynamik unterschätzen, die auch von so einem scheinbar nebensächlichen Erlebnis losgetreten werden kann. Jeder zarte Knabe in der BRD bekam zur präventiven Abschreckung damals das Buch „Rolltreppe abwärts" geschenkt. Darin stiehlt ein frierendes und hungriges Schlüsselkind in einem Kaufhaus ein Bonbon von einem Grabbeltisch mit losen Einzelbonbons. Er legt sogar noch zwei Pfennig als Pauschalvergütung auf den Rand des Tischs. Doch das Schicksal kennt keine Gnade – er hat mit dieser Missetat bereits unweigerlich seine Unschuld ver-

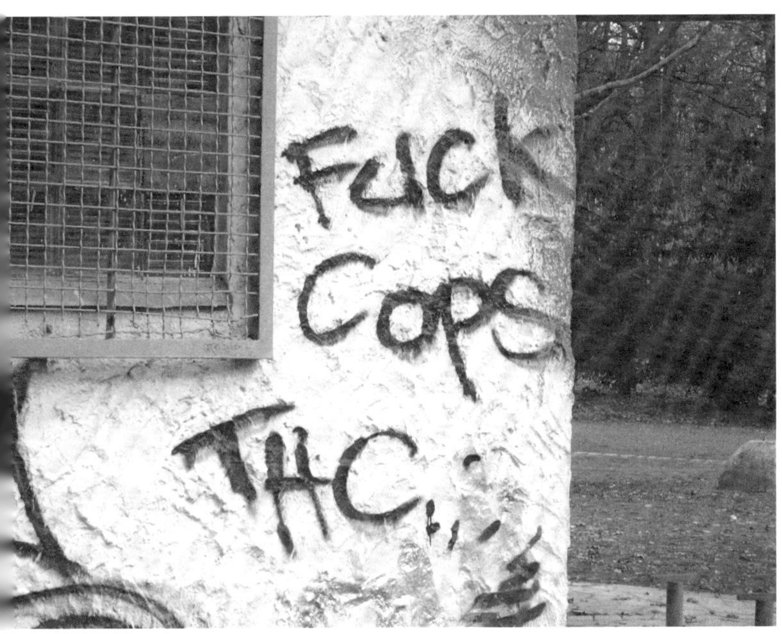

Die Saat des Hasses.

loren. Logischerweise gerät er in der Folge immer tiefer in einen Strudel aus Kleinst-, Leicht- und schließlich Schwerkriminalität. Am Ende glotzt er nur noch traurig durch die Gitterstäbe eines Heims, das, so legt die Logik und der Ton des Buches nahe, er in diesem Leben nimmermehr verlassen wird. Und zwar vollkommen verdientermaßen.

Heute also vielleicht Großmutters Strickschal, dem erblühenden Knaben durch einen älteren, bereits gefallenen vom Halse geraubt. Doch morgen schon würde die Saat des Hasses, die der freche Nordbube in meiner bis dahin unbefleckten Seele verstreut hatte, aufgehen und zu einer alles Gute und Reine überwuchernden Pflanze der Fußballgewalt heranwachsen. Meine Bibel wäre nun die Datei „Gewalttäter Sport" der Zentralen Informationsstelle Sporteinsätze (ZIS). Es wären nur wenige Schritte die Rolltreppe hinunter – ach was, Schritte: die bräuchte es gar nicht, eine Rolltreppe fährt ja von selbst – und ich stünde mit Mundschutz und Quarzsandhandschuhen an einem Sonntagnachmittag auf dem Parkplatz eines Supermarkts und prügelte zusammen mit vertrauten Gleichgesinnten fremden Gleichgesinnten die Amphetamine aus dem Arsch. Übrigens überwindet man eine Rolltreppe noch besser, wenn man sowohl fährt als auch läuft.

Und ich lief. Bis dahin stand ich den Hansestädtern und ihrem Verein neutral bis wohlwollend gegenüber. Nun aber hatte das tranige Seefahrervolk bei mir verschissen. Mein heiliger Zorn entfachte eine Sturmflut, die das Loch im Norden zwangsläufig verschlingen musste.

Die Auswirkungen waren für den HSV verheerend. Denn eigentlich wäre dieser Verein, gemessen an der Stadt und den Strukturen, der natürliche Widersacher des FC Bayern München, und nicht der BVB aus der Arbeitersiedlung Dortmund. Bereits früh hatte man mit der Bestechung des gierigen Nazi-Schergen Tull Harder die Basis für die sportliche Vorherrschaft in Norddeutschland geschaffen. Nach dem Krieg ging der Aufschwung weiter und folgerichtig überflügelte in der Zeit, in der diese kleine Episode spielte, der HSV sogar regelmäßig die Bayern.

Doch die Ereignisse dieses grauen Februartags änderten alles. Ich grollte. Fortan sollte mein Fluch die Hamburger über die Jahre hinweg langsam aber stetig dahin führen, wo sie heute sind: in ein

Jammertal aus permanentem Missmanagement und unausrottbarem Größenwahn. Die Spiele gegen die Bayern ähneln in Verlauf und Resultat nun meist Saisonvorbereitungsspielen zwischen Bundes- und Bezirksligist. Ich aber beobachte die traurige Lachnummer Spielzeit für Spielzeit mit steigendem Vergnügen.

Keineswegs bin ich nachtragend. Ich analysiere das Geschehen nur rein sportlich. Doch wie sehr hatte ich mir vorige Saison gewünscht, die Eintracht würde in der Relegation auf den hierfür abonnierten HSV treffen. Speziell im Heimspiel hätten dem Dino die Riesenknie geschlottert. Bereits ein einziges Gegentor hätte mit dankbarer Unterstützung des bräsigen Publikums eine Kettenreaktion ausgelöst, die, Rolltreppe abwärts, bis zum Abstieg geführt hätte. Doch leider wurde das gesichtslose Wolfsburg der Gegner. Da hatte niemand Angst. War halt Wolfsburg. Allen war alles egal, und so konnten sie emotionslos, aber eben auch kühl, ihren Stiefel runterspielen, was in Verbindung mit der höheren individuellen Qualität denn auch knapp reichte.

Doch zurück zum Fünfzehnjährigen. Zu einer wuchernden Pflanze reichte es zwar noch nicht, aber ein giftiger, kleiner Keim wuchs heran. Die Großeltern schlugen die Hände über dem Kopf zusammen, als ich bei ihnen in der Fallersleber Straße aufschlug und über den Verbleib des Strickschals Rechenschaft ablegte: Wie grausam und unberechenbar doch die Welt dort draußen für den kleinen Hans Ulrich war! Ich aber knurrte nur lässig und hätte wohl auch ausgespuckt, wären wir nicht im Wohnzimmer gewesen. An diesem Tag war ich ein kleines bisschen zum Manne gereift.

Was bedeutet, dass ich zunächst mal dümmer, böser und auf eine ungesunde Weise härter wurde. Schmierereien an einer Säule im Eintracht-Stadion wie „Adrian Maleika: Wer ist das nächste Schwein?“, die einen von HSV-Hools getöteten Werder-Fan verhöhnten, fand ich cool. Über Tote lachte man hier nur – das war aber mal so richtig hart. Was wir uns trauten, überstieg schier das Maß des Vorstellbaren: sowohl die Schmiererei anzubringen, als auch die Schmiererei zu bewundern. Im Grunde waren wir alle potenzielle Mörder, auch ich selbst gehörte nun fest zu dieser Mörderbande, die keine Gnade kannte. Tickende Zeitbomben, die endlose schwarze Rolltreppen herabfuhren, die irgendwann in der Hölle endeten. Böse, böse, böse.

Nur wenig später änderte sich neben meiner einst kindlich friedlichen Gesinnung auch mein Outfit. Anstelle der Old-School-Variante „von Mutti für die Winterwanderung" gab es nun diese neuen, schmalen Fan-Schals, englische Art. Dazu trug ich ein buntscheckiges Narrengewand, in dem ich aussah wie die Milka-Kuh: Alte Jeans, in die ich nach damaliger Sitte mit Toilettenreiniger große weiße Flecken geätzt hatte. In England liefen die Skinheads so rum. Folglich machten das in Deutschland viele nach, da sie alles aus dem Mutterland des Fußballs unsagbar bewunderten. Man konnte sogar Skinhead sein, wenn man lange Haare hatte, aus einer Arzt- statt Arbeiterfamilie stammte, Angst vor Backpfeifen hatte und mit dieser Fleckenmode eh um Jahre zu spät dran war. Kurz, wenn man ich war.

In die Fresse wollte ich allerdings nicht bekommen. Auf keinen Fall. Huiuiui. Meine Mutti hatte mir mal eine Backpfeife verpasst (irgendeine Geschichte mit einem in seine sämtlichen Moleküle zerfallenen Pausenbrot), und das wollte ich auf gar keinen Fall noch mal erleben. Dennoch begann ich bald nach jenem Spiel in Stuttgart, mich mit ins Sportprogramm der Schlachtenbummler einzubringen. Ich war ja nun allein schon durch die flüchtige Bekanntschaft mit den Wolfenbütteler Massenmördern geadelt und mit Blut geweiht. Das beinhaltete auch Verpflichtungen, wie auswärts seinen Mann zu stehen.

Die neuen Aufgaben bestanden neben einer äußerst entschlossen durchgeführten dämlichen Verkleidung aus dem Schreien von Obszönitäten, Kampf- und Morddrohungen sowie vor allem dem „Rennen". Das Rennen bedeutete, im Stadion, davor oder gern auch mal am Bahnhof in einer Gruppe der eigenen Fans auf eine Gruppe der anderen loszustürmen. Und zwar mit Gebrüll. Es war wie der Dreißigjährige Krieg: Selten wurde jemand getroffen, dafür war Einschüchterung Trumpf, denn dann rannten die anderen vielleicht weg und man ersparte sich die Haue.

Der Reiz, sich in Situationen zu begeben, in deren Umfeld womöglich Backpfeifen en Gros verteilt wurden, wurde durch die Angst davor nur noch erhöht. Die Adrenalinausschüttung war fast so krass wie beim Versuch, ein Mädchen anzusprechen.

Es war das Abenteuer, das mich rief. Ich war Reinhold Messner, der mit der Seilbahn auf den Berg fuhr und dabei in den Abgrund

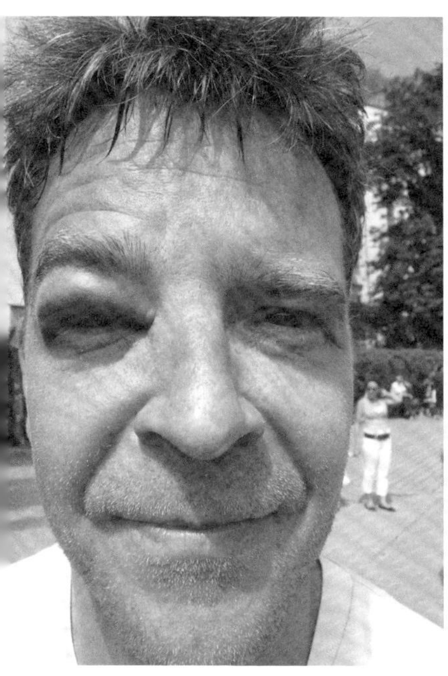

In die Fresse wollte ich allerdings nicht bekommen.

glotzte. Und so rannte ich mit, wenn irgendwelche Eintrachtjungs auf andere zu rannten oder die auf uns. Die Rennerei war ohnehin die Hauptsache. Die meisten hofften, dass sich Polizei und Ordnungskräfte rechtzeitig dazwischen stellten, bevor sich noch irgendjemand wehtat. Dann würde es beim Gebrüll bleiben und man konnte unbeschadet weiter so tun, also ob. Eine Riesenshow und keine Backpfeifen. Denn natürlich hatte auch ich schon Kandidaten gesehen, die sich verrechnet hatten. Münder mit frisch ausgeschlagenen Zähnen. Andere, die nur noch dalagen und vom Sani erst betreut und danach abtransportiert wurden. Was sie hatten, wusste ich nicht genau, aber sie sahen krank aus – die vermutliche Diagnose: Riesenbackpfeife.

Trotzdem lief ich bei solchen Aktionen gerne mit. Schließlich war ich ja ein böser Junge und mehrte den Ruf der ruhmreichen Eintracht, indem ich optisch die Masse an bösen Jungs vergrößerte, die den bösen Jungs des Feindes entgegenrannten. Das war mein einziger Beitrag, denn eigentlich rannte ich eher so alibimäßig mit. Wegen der drohenden Backpfeifen versuchte ich, ein Stück hintenan zu bleiben, ohne dass es allzu sehr auffiel. Ohne den Kontext hätte ich auf den außenstehenden Beobachter wie ein Reisender gewirkt, der durch die Bahnhofshalle eilte, um den abfahrenden Zug noch zu erreichen. Ein Reisender allerdings, der wusste, dass der nächste Zug ja schon in einer halben Stunde ginge und dass er vorher sowieso noch einen Kaffee, ein belegtes Brötchen und eine Tageszeitung kaufen wollte. Das Hin- und Herwogen der jungen, frohgemuten Leute auf dem Stadionvorplatz war auch nur wie ein großer Volkstanzreigen an der frischen Luft, Ringelpiez mal mit, mal ohne Anfassen.

Ohne Anfassen war mir auf jeden Fall lieber. Das Rennen gefiel mir, doch manchmal konnte es passieren, dass mich die Dynamik des Schwarms unversehens gefährlich nah an die feindliche Linie heranspülte. Dann sah ich schon die bleckenden Fressen irgendwelcher Bayern- oder Hamburgfans einige Meter vor mir. Hui, sahen die böse aus! Das war ja doch eine ganz andere Welt. Gleich würde ich mich prügeln müssen, was für jemanden wie mich schlicht bedeutet hätte, ordentlich Backpfeifen zu kassieren.

Wenn ich jetzt sagen würde: „Sorry, ich wollte hier nur mal gucken", „ich bin gar nicht aus Braunschweig" oder „mein Vater ist Arzt, lassen Sie mich durch, zu Hause wartet mein kleiner Teddybär Günter, der hat nur noch ein Glasauge und braucht mich, ich gehe übrigens aufs Gymnasium, das ist alles nur ein riesengroßes Missverständnis", würde mir keiner glauben. Und ohnehin würde meine Einlassung im Trubel der offenen Feldschlacht weder Gehör noch Gnade finden.

Also nahm ich die Beine in die Hand und rannte weg. Eine galoppierende Milka-Kuh. Nun bin ich alt, nun kann ich das ja alles zugeben, da mir die Zacken schon längst auch ohne eigenes Zutun

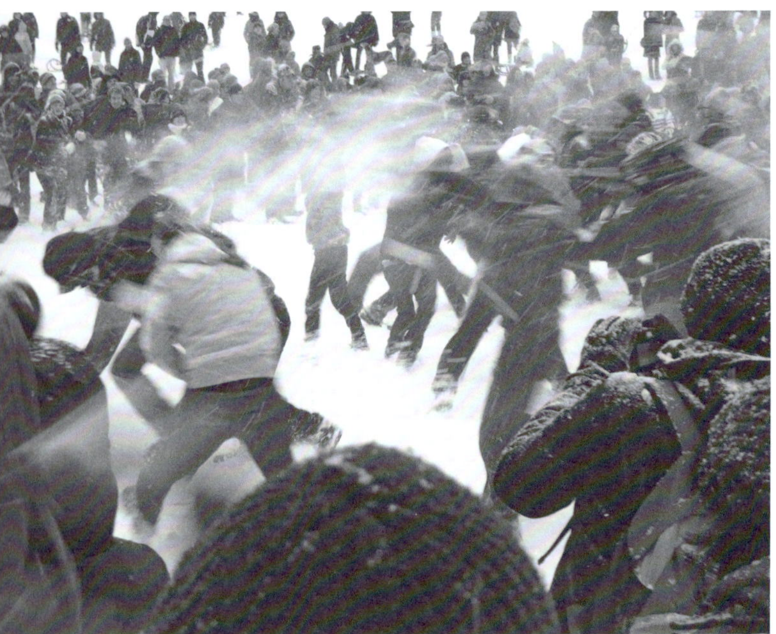

Im Trubel der offenen Feldschlacht.

aus der Krone bröseln. Und ich rannte nicht nur einfach weg, sondern türmte in rasender Panik, als wäre der Gottseibeiuns hinter mir her. Das war ein gar zu unangenehmer Einbruch des wahren Lebens in mein Abenteuerspiel. Ich war schockiert und auch empört: Was taten denn diese Leute hier – war man in diesem Land überhaupt nicht mehr sicher? Das war doch Deutschland, am helllichten Tag. Wo blieb die Polizei? Ein Skandal.

Doch von der Front zurück in den eigenen Reihen beruhigte ich mich schnell wieder. Es war eh egal, keiner nahm Notiz von mir, keiner hatte was gemerkt, ich war ja ein Einzelgänger. Nur eine Minute später piepste ich bereits wieder: „Wir kriegen euch alle!" in Richtung der feindlichen Heerscharen. Zur Minderung meiner Unehre muss gesagt sein, dass ich natürlich längst nicht der einzige Bettnässer war, der mit glockenhellem Stimmchen Morddrohungen und Obszönitäten in Richtung eines gegnerischen Mobs trällerte: „Tod und Hass dem HSV!" (Gemeint ist hier der HSV 96 aus Hannover). „Möchtegern" war das Motto schlechthin, und ist es sicher auch noch heute.

Selbstredend galten mir auch die zu jener Zeit berüchtigtsten Fangruppierungen „Schnapsleichen" und „Fiese Möppe" (Namen aus rechtlichen Gründen geändert) als Apologeten einer wehrhaften Niedertracht, die unseren (und damit kollektiv auch meinen!) schlechten Ruf grundierten und festigten. Der schlechte Ruf ist das Reifezeugnis des bösen Buben.

Jahre später sah ich einen meiner alten Helden beim Auswärtsspiel vor der Alten Försterei in Köpenick aus dem Bus wanken. Er wirkte verbraucht und hatte sich ganz offensichtlich vollrohr in die Hose geschissen. Das nahm den goldenen Horden einen Hauch von ihrer Aura (genau genommen hatten sie den da für mich schon lang verloren). Allerdings weiß natürlich jedes Kind, wie schnell so was passieren kann. Man hat etwas Schlechtes gegessen oder getrunken, der Durchfall wühlt im Gedärm, und dann fährt der gecharterte Bus auch noch unerwartet über einen Huppel. Kein Wort des Tadels also, keins der Häme. Arsch abwischen, Schwamm drüber und einfach weiter anfeuern. Heil Shitler.

Zusammenfassend lässt sich jedoch sagen: Wie ein zivilisierter Mensch eine rechts durchwirkte Rotte, die sich „Fiese Möppe" (Name weiterhin geändert – sonst würde das ja keinen Sinn machen) nennt, jemals unkritisch betrachten konnte, ist mir im Nachhinein unbegreiflich. Einmal mehr stehe ich erschüttert vor den Trümmern des intellektuellen und moralischen Komplettversagens, das meine Vergangenheit war. So entblödete ich mich auch nicht, hie und da beiläufig zu droppen, ich hätte „übrigens in Frankreich mit SS-Siggi in einer Zelle gesessen." Im gleichen Brustton, als hätte ich in Paris mit Jim Morrison gefrühstückt. Au weia.

Das Wissen, dass die Zeiten, da man sich schon morgen für die Taten, Äußerungen und Ansichten von gestern schämen wird, niemals vorüber sein werden, ist ernüchternd und befreiend zugleich. Die Scheiße, die wir verantworten, machen oder denken, verändert von Lebensphase zu Lebensphase vielleicht ihre Farbe, ihre Konsistenz und ihren Inhalt. Scheiße bleibt sie trotzdem. Ein Zustand der Weisheit und Würde ist grundsätzlich unerreichbar. Die Naivität des Jungen wird eben durch den Starrsinn des Alten ersetzt, der Naseweise wird zum Besserwisser. Nur die Demut vermag das nackte Grauen unserer Existenz mit ihrem wärmenden Kleid zu dämpfen, denn der Kater ist groß: Man schüttelt den schmerzenden Kopf traurig und beschämt beim Betrachten der leeren Schnapsideen, die sich in der schmutzigen Küche der eigenen Vergangenheit stapeln. Hat man das wirklich gestern alles ganz allein gedacht? Man bringt sie zum Altlastencontainer, murmelt „ab heute …", „nie wieder …" und „das geht wirklich so gar nicht …", man schwört sich Vernunft und räumt hinterher zu Hause mal so richtig das Hirn auf. Doch der größte Trost liegt darin, dass jeder Tag, an dem man erwacht, die großartige Möglichkeit bereithält, es anders und besser als gestern zu machen; jeder Morgen bietet uns diese Chance, solange, bis man endgültig tot ist. Schade nur, dass man sie auch weiterhin nur selten nutzt.

Ich war ein großer Anhänger der „Kritiklosigkeit der unreinen Unvernunft". Dennoch stellt sich auch in meinem Fall die Frage: Warum das alles und vor allem wieso speziell in dieser Form? Es ist ja nicht so, dass ich rechts gewesen wäre, keineswegs. Trotz aller, wohl generationsbedingter, chauvinistischer Gelegenheitsreflexe, wusste ich eigentlich schon immer um eine zutiefst objektive Gerechtigkeit, die mir verbot, zu glauben, ich wäre in irgendeiner Form besser oder ermächtigter, weil ich ein Mann, weiß, deutsch, heterosexuell oder weiß der Geier was noch alles bin. Aber ich war eben auch nicht links, ich war einfach nur gar nichts. Ich meinte nichts, dachte nichts, wollte nichts. Außer irgendwas mit Eintracht.

Lassen wir doch die Küchenpsychologen in den Schubladen ihres kleinen Reiches kramen und die dort gefundenen Zutaten zu einem bittersüßen Brei der Erkenntnis zusammenrühren: Ich glaube wir waren alle nicht ganz dicht. Generation Ballaballa. Bei mir kam noch erschwerend hinzu, dass ich bereits als kleiner Junge mehrfach heftig auf den Kopf gestürzt war. Einmal hatte ich mich auf meinem Kinderfahrrad für das Experiment entschieden, in der Gerade so viel Tempo wie möglich aufzunehmen, um auf dem Scheitelpunkt der folgenden scharfen Kurve eine Vollbremsung einzuleiten. Ich wollte einfach sehen, was passierte. Ein anderes Mal versuchte ich, mit demselben Rad eine anderthalb Meter hohe Mauer herabzuspringen – diesmal fehlte die notwendige Anlaufgeschwindigkeit. Verrückt: einmal zu schnell und einmal zu langsam, trotzdem das gleiche Ergebnis: zwei ordentliche Gehirnerschütterungen, deren erste auch mit einer längeren Bewusstlosigkeit verbunden war. Ich möchte nicht ausschließen, dass mich diese Einschläge näher an die Eintracht schmiedeten.

Auch die allgemeinen Zeitumstände hatten es in sich. Unsere Eltern spielten als Kinder im Bombenhagel oder danach mit Blindgängern und deren Eltern waren entweder Nazis, Mitläufer, Soldaten, Partisanen oder Widerstandskämpfer. So genau wollte man es lieber gar nicht wissen. Also fragte man auch nicht nach. Es war ohnehin egal, woher sie ihren Knacks hatten, und einen Knacks hatten damals alle. Die Politik, die Musik, die Reklame, der Rundfunk waren die besten Belege dafür.

So gut man konnte, versuchte man trotz dieser seelischen Hypothek die Kinder großzuziehen. Autoritär war Trumpf. Alles war verboten, was nicht ausdrücklich erlaubt war. Im Radio lief James Last und jede Form von körperlicher Nähe stand im Ruch einer Vorstufe zur Perversion und war als solche verpönt. Wenn man die Leute nicht berührte, so die landläufige Meinung weiter, wurde man wenigstens nicht krank. Am schlimmsten aber war die Langeweile. Wir wuchsen auf eine behütete Art scheiße auf. Oder auf eine beschissene Art behütet, ganz wie man möchte. Das alles führte zu dem aus tiefster Seele sprießenden und jede andere Empfindung überlagernden Gefühl der Sinnlosigkeit. Oder, dieselbe Botschaft in Ziffern ausgedrückt: die 1980er Jahre.

Ich las gleichzeitig Bücher von Bukowski und hörte die Musik der Pogues. Anlass genug, an dieser Stelle nochmals daran zu erinnern: Dies ist die schonungslose Lebensbeichte eines, der beschlossen hat, noch vor der Veröffentlichung die letzten Brücken hinter sich abzubrechen. Kolumbien ist ein gutes Ziel. Ihr werdet mich niemals finden.

Dabei kann ich alles erklären! Der ungute Überdruck aus einem behüteten und langweiligen Leben in einer ebensolchen Zeit ließ mich das Abenteuer suchen. Ich hätte auch Fallschirmspringen, in den Anden wandern, oder mich wenigstens durch sämtliche Betten vögeln können. Doch vieles davon hätte Mut, Eigeninitiative, Mühe, Selbstbewusstsein, Geld, Geschick oder wenigstens einen starken Willen erfordert.

Nichts von alledem besaß ich. Auch wohnte ich auf dem Land. In den Städten nahm einer wie ich Heroin oder ging zum Fußball. Hier setzte ich an, denn Fußballfan war ich ja praktisch schon, das hatte mir mein Bruder gezeigt. Nun brauchte ich dem bloß noch die eigene Note eines ungesunden Fanatismus hinzufügen. Eintracht hier, Eintracht da, Eintracht dort. Und das alles aus der bayerischen Diaspora heraus mit wenigen Gelegenheiten für reale Stadionbesuche. Ich war im Grunde ein Schläfer. Jeden Moment konnte der Hooligan in mir hervorbrechen und schwerste Ausschreitungen anzetteln. Im Dorf, vor dem kleinen Rathaus, in der Bäckerei, im Kurpark. Für Eintracht.

Es war ein einziges Schattenboxen, die Flamme der Begeisterung musste stets aufs Neue mit unzureichenden Brandbeschleunigern angefacht werden: „Heute im Stadion" auf Bayern 1. Wer für den NDR am Start war, weiß ich nicht mehr – nach Braunschweig wurde selten rübergeschaltet, es sei denn, die Bayern hatten dort ihr Gastspiel. Doch Gerd Rubenbauer berichtete aus München, Günther Koch aus Nürnberg, und ich fieberte am Samstagnachmittag vor dem Küchenradio, das stets etwa fünf Minuten brauchte, bis es warm genug geglüht war, um ein erstes zaghaftes Rauschen von sich zu geben. Religion, Sucht, Chauvinismus, Nerdtum, Konsum und Fußball sind auch nur die sechs Seiten ein und desselben Würfels der Ersatzbefriedigung. Fluchtwege aus einer lähmenden Unzufriedenheit.

Es liegt mir fern, hier jede Kirmesrauferei adoleszenter Kleinstadtburschen auf eine Stufe mit Verbrechen gegen die Menschlichkeit zu stellen. Aber ich kann nicht einerseits meine Abneigung gegen Religionen aller Art propagieren und dann kritiklos einem hohlen Götzen mit Ventil huldigen. Die Parallelen muss man schon sehen. Den wutverzerrten Stadionfratzen in Großaufnahme fehlen eigentlich nur noch Feuer und Schwert. Hier religiöse Fanatiker, die Flaggen oder Strohpuppen verbrennen, und dort ich, wie ein in die Enge getriebenes Wiesel fauchend und spuckend in das Käfiggitter gekrallt, das in Paderborn den Gästeblock vom Spielfeld trennte. Ich hatte nichts Zivilisationsverwandtes mehr an mir. Bestimmt hatte mal wieder irgendein Schiedsrichter irgendwas gepfiffen. Höchstwahrscheinlich war auch alles korrekt, so wie eigentlich meistens – machen wir uns doch da nicht ständig etwas vor.

Als die Rechten die Stadien etwa Anfang der 1980er Jahre für sich als Spielwiese entdeckten, wurde die Atmosphäre auf jeden Fall schlagartig hässlicher. Auch in der Beziehung waren die Achtziger ganz groß. Schlechte Musik, abartige Frisuren auf dem Spielfeld und Glatzen auf den Rängen. Vergöttertes Ziel der Nachahmung, wie konnte es anders sein, war natürlich England. In Cardiff jagten tausend mit Hakenkreuzen tätowierte Chelsea-Hools praktisch den Rest der Bevölkerung durch die halbe Stadt. Der Anblick der panisch Flüchtenden in den Straßen erinnerte an King Kong in New York.

Schüleraustausch war schon eine feine Sache. Denn ich war dabei, wenn auch selbstverständlich bei den Waliser Opfern und doch schon mit heimlicher Faszination für die sich frei entfesselnden Kräfte – ein halbes Jahr nur nach Verlust des Strickschals meiner Kindheit. Das ging schnell, aber es war ja auch die Pubertät. Der FC Chelsea war damals noch kein mit russischem Geld aufgepimpter Champions League-Sieger, sondern – ein Schelm, wer Böses dabei denkt – nur ein heruntergekommener Traditionsverein in der 2. Liga.

Nun also Deutschland. Statt der vormaligen, an Szenen aus Asterix erinnernden Prügeleien betrunkener Kuttenfans entwickelten sich koordinierte Aktionen gegen die Anhänger anderer Vereine. Rassistische Schmähungen überlagerten sogar die Beleidigungen des Gegners; rechtsradikale Parteien fischten in dem Teich zunehmend enthemmter Idioten und bargen einen reichen Fang.

Bei der Eintracht war das nicht anders, und auch heute taumelt noch die eine oder andere Altlast durch die Gegend. Selbst wer wie ich nicht gerade permanente Präsenz zeigt, braucht nur mal bei Auswärtsspielen die Lauscher aufzustellen und die Gucklöcher sauber zu reiben, ebenso in der Straßenbahn, auf dem Pissoir oder hinter der Südtribüne. Von der negativen Presse gar nicht zu reden. Der Reflex, den Verein nach außen hin zu verteidigen, ist ja schön und gut, doch er fördert die Augenwischerei. Das Problem liegt weniger in der tatsächlich geringen absoluten Zahl der Rechten im Stadion. Es liegt vielmehr in einer latent mitschwingenden, eigenartig abwiegelnden Grundtoleranz, die mir stets so leicht rechts der Mitte versetzt erscheint. Bezeichnend ist die im 11Freunde-Interview geäußerte Ansicht des ehemaligen Kurven-Capos, solange die Nazis einem nichts täten, wäre alles in Ordnung. Schöne Grüße auch aus Aachen – dort hat man das längst alles hinter sich und wartet nun auf die Befreiung durch die Alliierten. Im Braunschweiger Fanforum werden St. Paulianer gern mal unwidersprochen als „Zecken" tituliert, bei gleichzeitigem Beharren darauf, Politik habe doch im Fußball bitteschön nichts zu suchen.

Die schweigende Abneigung der Mehrheit (mit der mich zum Teil meine konservativen Ansichten zum Thema Support verbinden) gegenüber allem, was als „links" gilt, ist ein ebenso großes Problem wie die Gleichgültigkeit. Doch jedes Mal, da ich auf die Gleichgültigen zeige, weisen auch drei Finger auf mich selbst zurück. Schließlich war ich einst ein Ausbund an Gleichgültigkeit und vielleicht habe ich auch immer noch zu viel davon.

Nun hätte jemand wie das westfälische Mädchen, die mich auf den Eintracht-Aufkleber angesprochen hatte, der womöglich auch eine Karte von Kanada war, garantiert nachgehakt:

„Sag mal: Bist du eigentlich ein Nazi?"

„Nein, wie kommst du drauf?"

„Weil du so 'nen Naziverein gut findest."

„Das ist kein Naziverein."

„Du hast doch grad gesagt, dass da einige so richtig scheiße drauf sind."

„Ja, klar, aber das darf man sich jetzt nicht so vorstellen, dass da die Hälfte der Leute Nazis wären oder so. Das ist bloß diffamierendes Gewäsch von den Fans anderer Vereine. Statt dass die sich mal um ihren eigenen Kram kümmern."

„Na gut, aber auch ein paar wären für meinen Geschmack echt schon zu viele."

„Nö, die muss die Mehrheit dann eben einfach zudecken: Je mehr Gerechte auf den Tribünen im Stadion der Stadt Sodom stehen, desto kleiner wird der Anteil der Gottlosen sein."

„Hä?" Das schnallte die Kleine natürlich nicht. Anspielungen aufs Alte Testament vermengt mit Grundlagen der Statistik. Das war eindeutig zu viel. Ganz davon abgesehen, dass das diffus linke Hippie-Mädchen wegen ihrer Dreadlocks heutzutage selbst fast schon als Halbnazi gälte. Zumindest in bestimmten Kreisen. Stichwort „Cultural Appropriation" in Tateinheit mit Verstoß gegen „Critical Whiteness". Im Namen des Volkes!

Tja, tempora mutantur, Baby. Wenn es mir nicht ohnehin egal wäre, würde ich ja sagen, dass Leute, die ihre dünnen Blondhaare zu wurstähnlichen Zotteln frisieren, zwischen denen die Kopfhaut durchschimmert, mit ihrem Look schon genug geschlagen sind und sich damit jede weitere Sanktionierung erübrigt. Doch auf ihr Delikt ging ich ohnehin nicht ein. Das war noch gar nicht erfunden. Es war schließlich eine andere Zeit. Englische Ausdrücke benutzte man, wenn es einen Anlass gab, Englisch zu sprechen, und meistens gab es keinen, denn die Völker waren noch überall sauber getrennt. PC war die Abkürzung für Personal Computer, wenn überhaupt, und sonst für gar nichts. Ein Griff an den Arsch galt noch als echtes Kompliment. Die Titanic schrieb beherzt und konsequent von „Negern", und alle lachten ob dieser provokanten Tabubrüche, die es den gerade aufkommenden Anhängern korrekter Sprache aber mal so richtig zeigten, diesen transusigen Spaßbremsen, höhö. In Bayern trank man Bier zum Frühstück. Und wenn die Frauen auf den Plakatwänden, so groß, dass jeder zentralasiatische Autokrat vor Neid erblasst wäre, überhaupt nur einen Fetzen Unterwäsche trugen, warf ein Maskulinistenmob ob der mutmaßlichen Bevormundung durch gräuliche Emanzen in der ganzen Stadt die Schaufensterscheiben ein. Schön war die Zeit. Mein Name sei Martenstein.

So in etwa gestaltete sich der kulturelle Kontext jener Tage. Was sollte ich ihr also erzählen? Stattdessen käute ich die windelweichen Ausflüchte wieder, so wie ich sie in etwa von den wenigen linken Anhängern des Berliner Bösewichtvereins BFC Dynamo kannte: „Ich mein, wir Anständigen sorgen doch allein durch unsere Anwesenheit dafür, dass es auch unser Raum bleibt. Wir wollen und dürfen den Arschgeigen nicht kampflos unseren Club und unser Stadion überlassen."

Touché! Das lief ja diesmal deutlich besser als das Gestotter wegen der Kanadakarte, die ja vielleicht doch ein Aufkleber war, denn ich wüsste nicht, wie wir sonst auf das Thema hätten kommen sollen. Ich war ja schon froh, dass sie überhaupt wieder sprach. Die kommende Nacht sollte einem Pensionsaufenthalt ähneln, bei dem sich zwei Kollegen auf Montage notgedrungen ein Doppelbett teilen.

Es gibt einen guten Grund dafür, dass es besser lief: Ich hatte die Antwort längst in der Kopfschublade. Denn „in ruhigen Stunden“ (ein Euphemismus, der den pathologischen Charakter meiner endlos im Kreis herumführenden Selbstrechtfertigungsmonologe verschleiern soll) pflege ich mir auf Vorrat logisch klingende Scheinargumente auszudenken, um meine liebsten Luxussünden zu entschuldigen: Lebensmittel aus Massentierhaltung, Pinkeln im Stehen, Bestellungen bei Amazon, keinen Bio-Eimer in der Küche, konsequente Verweigerung aller Sternchen und Binnen-I's in meiner Schriftsprache, den Armen gebe ich selten und dann gehe ich auch noch zur Eintracht. Links brüllt es: „Schwule Sau!“, rechts: „Mann, der Kanake von denen …“ und irgendwo hinten: „Du Mädchen!“ Ist halt Sport. Sport ist gesund. Macht ein kräftiges Arschloch.

Mit zunehmendem Problembewusstsein, sprich ausgebrochener Bullshit-Allergie, zog ich mich noch konsequenter in die Bereiche des Stadions zurück, in denen ich mich vor verbalem Dünnschiss sicherer wähnte. Da es mir zunehmend schwer fiel, nicht zu intervenieren, wollte ich lieber nicht mehr so viel hören. Das war mein persönliches 1945; so würde ich eines Tages besser behaupten können, ich hätte von nichts gewusst. Wegen der Verdichtung der Fansituation war das bei Auswärtsspielen schwieriger, wenngleich die wiederum den Vorteil hatten, dass die Allerschlimmsten oft zu Hause blieben. Für ein Fußballspiel, das sie ohnehin nur peripher interessierte, scheuten sie den Aufwand und kauften vom Ersparten lieber teures Kraftfutter für sich und ihre Schweinehunde. Und bei Heimspielen wurden nun Block 5 zum Stehen und Block 10 oder 11 zum Sitzen meine Safe Spaces. Leider poppt speziell in der Gegengerade noch immer mal ein paar Reihen vor mir plötzlich wieder ein alter Kuttenträger hoch – die werden ja auch nicht jünger und müssen jetzt sitzen – wie ein Springteufel aus düsterer Vergangenheit, der vor mindestens 35 Jahren in der Münchener U-Bahn

(FC Bayern auswärts) vor den bewundernden Augen des kleinen Uli mit dem Schnappmesser jongliert hatte.

Womit wir nun endlich bei SS-Siggi angekommen wären. Den hab ich mal getroffen – hab ich schon erzählt, ne? Es war ein Frühsommer im Jahr 1984. Hinten, weit in Frankreich, schlugen die Völker aufeinander, das Ganze nannte sich Fußball-Europameisterschaft. Ein wohl 18 Lenze zählendes Bürschlein verbriet das Blutgeld für ein mäßiges Abiturzeugnis für Eintrittskarten und ein InterRail-Ticket.

Das war, analog zum schon erwähnten Tramper-Ticket für Deutschland, eine Art Joker für sämtliche Bahnlinien im westeuropäischen Ausland. In einer Art Äquatortaufe für Landratten rissen postpubertäre Wirrköpfe unter grauenhaften hygienischen und finanziellen Bedingungen innerhalb von vier Wochen sinnlos tausende Kilometer ab. Sie ernährten sich von trockenem Toastbrot, übernachteten in Zügen und Bahnhöfen und erlebten oft schreckliche Dinge. Sie nannten es Urlaub.

Genauso war ich unterwegs, nur mit dem Unterschied, dass bei mir die EM-Spiele die Eckdaten der Reiseplanung bildeten und meinen Radius auf Frankreich beschränkten. Außerdem war ich wie üblich allein unterwegs. Anstatt mich inmitten einer Gruppe furchtsamer Wohlstandskinder zitternd vor den Schließfächern eines schmutzigen Bahnhofs im Vororient zusammenzukauern, derweil in immer enger werdenden Kreisen Diebe, Gauner und Sittenstrolche um die wohlfeile Beute herumzirkulierten wie Schwärme erwartungsfreudiger Geier, schlief ich ungestört in Parkgebüschen und auf geräumigen Verkehrsinseln. Das Wetter war schön.

So landete ich auf der Place Kléber in Straßburg. Ich soff mit irgendwelchen Punks und Pennern und erlernte von ihnen das Schnorren. Für einen Tag machte das Spaß, noch dazu, da man ja keine Not litt. Ich war sehr begabt.

Hemd und Schuhe hatte ich schon mal abgelegt. Ich hatte es mir richtig bequem gemacht. Es war Mittag, das Spiel Deutschland gegen Portugal würde erst am Abend beginnen, und wo ich die kommende Nacht verbringen würde, wusste ich noch nicht. Es kümmerte mich auch wenig. Zur Not in irgendeinem Busch vorm Hauptbahnhof.

Ein verschmitzt lächelnder älterer Herr (heute würde ich sagen: in ungefähr meinem jetzigen Alter) war besonders großzügig und gab mir zehn Francs. Zuvor fragte er noch, ob er mich fotografieren dürfe. Aber klar. Schwul war der bestimmt nicht. Doch was wusste ich schon. Ich wusste ja nicht mal, wer in meiner Schulklasse schwul war – da machte man sich schlicht keine Gedanken drüber, kein Thema, wozu auch. Im Grunde ja der ideale Urzustand, dass das wurscht wäre, könnte man meinen; aber es war ja eben auch nicht wirklich wurscht wurscht, deshalb also doch nicht ideal. Erst wenn ich heute unser Klassenfoto betrachte, fällt es mir wie Schuppen von den Augen, dass wir eigentlich fast alle schwul waren, sogar die Mädchen. Schon verrückt, aber das nur am Rande.

Am frühen Nachmittag strömten irgendwelche deutschen Honks auf den repräsentativen Platz in der Altstadt. Sie fingen an zu stänkern, Parolen zu schreien und mit Flaschen zu schmeißen. Die Honks wurden immer mehr, die Punks als natürliche Fressfeinde der Honks verzogen sich, schade. Das französische CRS, eine üble paramilitärische Knüppelgarde, hatte mittlerweile die Place Kléber umstellt. Die Büttel heizten die Stimmung an, indem sie schon mal provisorisch Tränengasgranaten in die Menge schossen. Wenn man die leeren Hülsen anfasste, verbrannte man sich die Pfoten (immer mit Topflappen auf die Demo!). Es war super-ungemütlich, aber irgendwie auch spannend. Also im Prinzip ein bisschen wie der Marsch zum Südpol, nur weniger anstrengend.

Ich musste weg. Alle mussten weg. Sie rannten durch die angrenzenden Straßen. Warfen links und rechts Mülltonnen in die Schaufenster und plünderten. Ich staunte.

Allerdings nicht lange. Von allen Seiten kamen nun diese putzigen, ein bisschen nach DDR-Fuhrpark und Louis de Funès aussehenden Polizeitransporter angeheizt. Sirenen quakten wie Trickfilm-Enten. Alle lachten. Doch das Lachen hielt nicht länger an als zuvor das Staunen, denn überall sprangen so kleine CRS-Männchen raus und sammelten mal mit, mal ohne Unterstützung des Schlagstocks die Rasenden ein. Zum Glück konnte mir nichts passieren, da ich als passiver Beobachter ja mit der ganzen Sache nichts zu tun hatte …

… Der Transporter besaß innen Längsstangen, an die die Gefangenen gekettet waren. Auch ich. Zum ersten Mal in meinem Leben trug ich Handschellen. Ich glaube, ich war stolz. Stolz auf die bisherige Krönung meiner Dummheit. Stolz auf diesen Beweis meiner Abgefeimtheit. Sie mussten ganz schön Angst vor mir haben, wenn sie mich zu ihrer eigenen Sicherheit erst mal fesselten. Die Handschellen kniffen ordentlich. Bestimmt würde sich der Irrtum schnell aufklären. Lassen Sie mich raus, ich bin Arztsohn!

In der riesigen Sammelzelle war es noch ganz lustig. 30 oder 40 Leute lärmten. Irgendwo in der Ecke war ein Loch, in das man pinkeln konnte. Und es musste ja ständig jemand, statt Amphetaminen konsumierten böse Buben Bier.

Dann gab es so eine Art Verhöre. Ladenverkäuferinnen wurden durch die Reihen der Festgenommenen geleitet, um Plünderer zu identifizieren. Das Ergebnis der Gegenüberstellung würde dem einen oder anderen zu einem verlängerten Urlaub hier verhelfen. Ich wiederum sollte Schwierigkeiten bekommen, weil ich ein Schnappmesser dabei hatte. Das war zwar nur so ein Angeber-Tool für unartige Knaben, das zum Käseschneiden diente, mehr nicht, doch das konnten die Franzosen ja nicht wissen. Sie mussten denken, dass ich kreuzgefährlich war. Das hätte ich an ihrer Stelle ebenfalls gedacht, da mache ich ihnen auch überhaupt keinen Vorwurf. Selbstschutz sollte immer oberste Priorität besitzen und ein zentrales Element der Polizeiausbildung sein.

Mein vorsichtiger Einwand, ich könne das Vernehmungsprotokoll mangels ausreichender Sprachkenntnisse nicht lesen, wurde mit einem ostentativen Griff zum Schlagstock weggewischt. Die Geste genügte. Dabei hätte bereits der Anblick des Typen neben mir Hinweis genug sein müssen, dem man, obwohl gefesselt und aus einer Kopfplatzwunde blutend, noch einmal just for fun Tränengas mitten ins Gesicht gesprüht hatte. Jetzt weinte er.

Aus heutiger Perspektive wäre ich positiv überrascht, dass ausnahmsweise mal die Rechten von den Bullen auf die Fresse kriegten. Frankreich war offenbar nicht Sachsen. Doch wahrscheinlich machten sie das nur, weil wir nicht ihre eigenen Leute waren.

Allein wegen meines Messerchens gehörte ich auf einmal zum exquisiten kleinen Kreis beweiskräftig Festgenommener. Bingo. Zusammen mit zwei anderen Rädelsführern sperrte man mich in eine kleinere Zelle und ließ uns erst mal schmoren. Wir stellten uns einander vor. Ich behauptete, ich wäre Braunschweiger, obwohl ich immer noch in Oberbayern wohnte. Das konnte schließlich keiner nachprüfen und das Label Eintracht Braunschweig verschaffte in diesem Kontext nützliche Credibility. Solange es nicht um sportliche Kriterien ging, galt Braunschweig nicht als peinlich, denn im Gegensatz zur Mannschaft hielt man die Anhänger in ihrer Disziplin für durchaus satisfaktionsfähig. Ich sprach nur wenig, und wenn, dann mit tiefer und heiserer Stimme. Denn ich war nun „Der Braunschweiger" und konnte von Glück sagen, dass keine echten Eintracht-Hauer mit in der Zelle saßen, um mich im Nu als Gernegroß zu entlarven.

Seltsamerweise schienen meine Zellengenossen keine Fußballfans zu sein, sondern Politiker – ich war also nicht der einzige, der einem Justizirrtum zum Opfer zu fallen drohte. So war einer der anderen Herren ein NPD-Funktionär aus Wuppertal und kannte in dieser Funktion den dritten, der mir wiederum aus einer Reportage des Stern unter seinem Kampfnamen „SS-Siggi" geläufig war: Ein übler Neonazi, Chef der rechtsradikalen Dortmunder „Borussenfront" und Ikone der an Hirnmuchte Erkrankten und vom Teufel Besessenen.

Wow! SS-Siggi himself! Hätte ich Stift und Papier gehabt, hätte ich mir bestimmt ein Autogramm geben lassen. Doch leider hatten sie uns alles abgenommen, bevor sie uns hier reinsteckten, also auch die Kugelschreiber. Aber es war wohl mein herausragendes Promi-Erlebnis überhaupt. Jahre später fuhr ich zwar als Berliner Taxifahrer mal Jude Law vom *Kurvenstar* in Mitte nach Charlottenburg, doch das waren nur zwanzig Minuten und nicht zwanzig Stunden wie mit SS-Siggi.

Sie ließen mich in Ruhe. Wahrscheinlich redeten sie die ganze Zeit über ihren fiesen Nazikram. Mir fiel es damals ja noch leicht, nicht Faust und Stimme zu erheben und sie mit den Worten „Rotfront! Ihr Verbrecher!" in die Schranken zu weisen. Ich kann mich tatsächlich an wenig erinnern. Auch deshalb könnte ich mir heute ans Hirn langen, allein schon aus Autorensicht: Was für eine einmalige Gelegenheit zur Dokumentation. Das hätte man doch alles aufschreiben können, ja müssen. Als Moritz von Uslar hätte ich sicher ein begeistertes Buch über diese herrlich ursprünglich gesonnenen Menschen verfasst. Aber ich war ja kein Undercoveragent. Ich gehörte irgendwie dazu.

Irgendwann in der Nacht verkloppten die CRS-Leute auf dem Gang vor unserer Zelle zwei Prostituierte. Verbrecher drinnen, Ver-

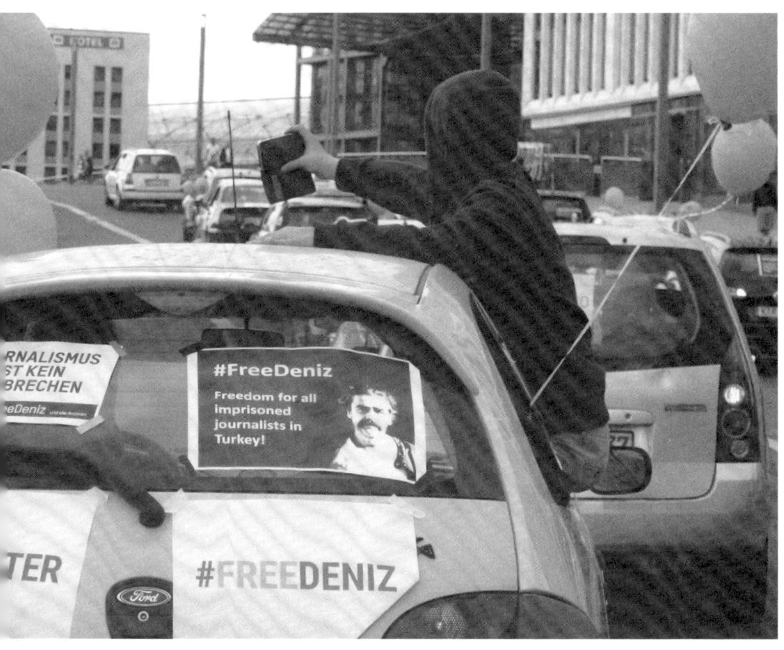

Der Erlebnistourismus verhöhnte die Eingesperrten dieser Welt.

brecher draußen. Es dauerte lange, bis sich die draußen dazu erweichen ließen, mich aufs Klo zu lassen. Natürlich in Handschellen, damit ich nicht Houdini-mäßig die Mücke aus dem fensterlosen Abort machte. Das Wichtigste dort war ein schneller Schluck aus dem Hahn, um den schlimmsten Brand zu löschen. Von Wasser und Brot konnten wir nur träumen.

O, wie aufregend das alles war. Ich genoss die Show als kostenlosen Abenteuertrip eines frisch maturierten Bübchens. Es war ein Erlebnistourismus, der die zahllosen Eingesperrten dieser Welt verhöhnte, eine Simulation mit doppeltem Boden, Netz und vorhersehbarem Happy End. Denn am nächsten Morgen ging es in Handschellen zum Untersuchungsrichter und von da aus nach kurzer Zeit hinaus in die Freiheit. Der Beamte sah sofort, was für eine Null er da vor sich hatte, und ließ den kleinen Fisch von der Angel. Mann, hatte ich Kohldampf. Und Durst!

Einige Monate danach holten mich die Ereignisse noch einmal ein. Im Rahmen einer weiteren von vielen mir heute so unerklärlichen

Handlungsweisen des jungen U. hatte ich es versäumt, den Wehrdienst zu verweigern. Aus reiner Gleichgültigkeit, der Quelle wie so vieler dieser Übel. Für mich im Nachhinein fast peinlicher noch als meine zentralen drei S, also die Sache mit SS-Siggi, dem leeren Stadion und Schöppenstedt zusammen.

Wegen der Technik irgendeines vorsintflutlichen Flugabwehrpanzerschrotts unterlag die Garnison, in der ich gelandet war, einer erhöhten Sicherheitsstufe. Das bedeutete, dass jeder irgendwie verdächtige Rekrut der Überprüfung durch einen MAD-Mitarbeiter unterzogen wurde. Da ich wegen des ausfahrbaren Käsemessers eine Gerichtsverhandlung in Straßburg anstehen hatte (zu der ich sowieso nicht hinfuhr), war ich aktenkundig geworden und somit als Spion verdächtig. Wahrscheinlich verknipste ich über meine präparierte Brille tausende Mikrofilme und schickte die per Einschreiben direkt in den Kreml. Die Leute sahen zu viel James Bond.

Der Verhörende machte mir Vorhaltungen. Er betonte, wie sehr er Frankreich, dessen Kultur, Sitten und Bewohner liebte. Dass ich das Land mit einem verheerenden Privatfeldzug überzogen hatte, wie er den Fall wohl beurteilte, machte ihm sichtlich zu schaffen. Jedenfalls hatte er die ganze Zeit über einen krassen Schluckauf. Es war schwer, die Sache ernst zu nehmen, wie eigentlich sowieso alles, was sich unter den Vorzeichen dieses absurden Affentheaters namens Wehrdienst abspielte.

Mir waren Franzosen ja immer suspekt gewesen. In meinen Augen verkörperten sie alles, was ich nicht hatte: Stil, Geschmack, Lockerheit, heterosexuelle Skills und eine äußerst selbstbewusste Form weitgehender Humorlosigkeit. Dazu zelebrierten sie stundenlange Mahlzeiten, wo unsereiner zwischen Einmarsch und Kapitulation mal eben hastig und im Stehen einen Haufen schwer verdaulichen Schweinkrams herunterschlang. Bouletten und Doppelkorn. Und jetzt heulte mich hier auch noch dieser frankophile Schnüffler voll. Dabei hatte ich denen ja letztlich noch nicht mal was getan.

Doch meine Motive beruhigten den Agentenjäger schnell. Denn als Fußballfan, noch dazu von Eintracht Braunschweig, konnte ich schlimmstenfalls rechts sein. Das aber machte nichts. Rechts war harmlos, wir waren schließlich beim Militär. Bei der Weihnachtsfeier sangen der Spieß und der Batteriechef zusammen betrunken

Nazilieder. Keiner kam zu Schaden. Ein linker Volksschädling wäre hingegen garantiert entfernt worden, damit er die Baupläne der Wunderwaffe nicht dem Russen gab. Ich aber durfte, allen Vorhaltungen zum Trotz, bleiben. Der Feind war rot.

Ich höre gerade, in Stuttgart ist etwas passiert: Wir geben mal ganz schnell wieder hinüber nach Stuttgart!

Im Neckarstadion überraschten mich zur Pause drei VfB-Bengel auf dem Gästeklo. Sie tauchten meinen Kopf in die Schüssel und bearbeiteten mich dabei mit einer Klobürste – ein klarer Wirkungstreffer für meine Moral. Ich war im Grunde schon immer ein reichlich wehrloser Knirps. Körperlich theoretisch nicht ganz so sehr wie jetzt, da ich die alten Knochen spüre, doch dafür umso mehr mental. Ein „Opfer" wie man heute sagt. Den Schal war ich natürlich mal wieder los, wie eigentlich ständig. Zum Glück waren die Dinger billig. Geraubt, geklaut, verbrannt. Geraubt, geklaut, behalten. Frei nach dem Schicksal der sechs Frauen von Heinrich dem Achten: „Divorced, beheaded, died, divorced, beheaded, survived."

Nur ein letzter Schal hat überlebt. Er hängt bei mir im Schrank. Seit Jahren unbeschadet, denn zum einen ist den verwöhnten Motten die Qualität des Textils zu schlecht, und zum anderen kommt er aus dem Schrank nie mehr heraus. Lebenslänglich mit anschließender Sicherungsverwahrung. Zwar denke ich, dass einem alten Mann tatsächlich keiner mehr den Schal klaut – das würden höchstens Dresdener bringen –, doch irgendwie habe ich auch keine Lust mehr, wie ein kackbunter Kasper durch die Gegend zu laufen. Adrian Maleika war übrigens genau mein Jahrgang.

Erbfeind

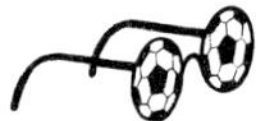

„Das Gegenteil von Liebe ist nicht Hass, sondern Gleichgültigkeit."
(Elie Wiesel)

Auch wenn man am Ende doch wieder vom Hölzchen aufs Stöckchen kommt, wird dies vermutlich das kürzeste Kapitel des Buchs. Denn die Rivalität zwischen Braunschweig und Hannover geht mir gepflegt am Arsch vorbei. Und zwar sowohl was das Verhältnis der beiden Städte zueinander als auch das zwischen dem Braunschweiger Turn- und Sportverein Eintracht von 1895 und dem Hannoverschen Sportverein von 1896 (Grünschnäbel! Außerdem kann man bei denen anscheinend nicht turnen …) betrifft.

Mir als Kaumbraunschweiger war die zum „Old Firm" für Arme aufgebauschte Konkurrenz zweier nichtssagender Ortschaften, von deren Existenz außerhalb Deutschlands noch kein Schwein je gehört hat, stets ein Rätsel. Und mehr als das: Ich fand und finde sie lächerlich. Statt gegen Diktatoren, gierige Banker, G20-Gipfel oder Identitäre, die Flüchtlinge ertrinken lassen, hetzen „West-Peine und Ost-Peine" gegeneinander. Was für eine Verschwendung emotionaler Energie! Aber – man soll sich ja fremden Kulturen unvoreingenommen nähern – für viele Leute ist ihr kleines Kasperletheater nun mal ungeheuer wichtig.

Die Rote Pest. West-Peine. Kackstadt. Die verbotene Stadt. Hannoi. 95+1. Die Leine-Brut. Die Unaussprechlichen. Der Erbfeind. All die Namen haben damit zu tun, dass man in Braunschweig weder „Hannover" noch die Zahl „96" aussprechen, hören, schreiben oder lesen darf. Bei Forumsbeiträgen werden die im jeweiligen Profil angeführten Beitragszahlen, sobald sie auf *räusper* enden, schnellstmöglich durch einen weiteren Kommentar, der so unsinnig und überflüssig sein darf, wie er will, verändert. Hauptsache, „die Zahl ist weg", wie der Vorgang im Fachjargon heißt.

Wie der Spaß mit der Beitragszahl bereits andeutet: Klar gibt es auch genug Leute, die die Rivalität eher spielerisch pflegen und emotional drüberstehen. Es muss halt jede Saison oder, noch besser, alle paar Spielzeiten einen Gegner geben, bei dem man so tut, als ginge es um mehr. Um sechs Punkte, um die Ehre, oder wer verliert, ist ein halbes Jahr lang ein blödes Arschloch. Doppelt oder nichts. Man kann sich das so zurechtbiegen und trotzdem drüberstehen. Das peppt die ganze Sache nochmal auf, und was sich liebt, das neckt sich.

Doch vielen ist die Angelegenheit auch bitterernst. Da werden bei der Einfahrt des Fanzugs in den Bahnhof von Hannover zunächst mal frische Schlachtabfälle auf den Bahnsteig gekippt, oder man jagt ein Schwein mit 96-Schal durch die Straßen der niedersächsischen Landeshauptstadt. So geschehen vor dem Erstliga-Derby 2013 und keine allzu außergewöhnliche Aktion, bedenkt man, dass ausgerechnet in diesem verschnarchten Landstrich das wohl übelste Lokalderby der Republik beheimatet ist. Und solche Spielereien mit dem Essen sind noch die originelleren Ausfälle, denn meist versuchen sich beide Seiten einfach nur ganz klassisch die Fresse zu polieren.

Ost-Peine und West-Peine als gängige Synonyme für den unaussprechlichen Feind, von der jeweils abgewandten Himmelsrichtung aus benannt, wurden schon erwähnt. Doch was kann Peine eigentlich dafür, das unscheinbare Stahl-Städtchen ungefähr in der Mitte zwischen den beiden mächtigen Metropolen Südostniedersachsens?

Nichts, es eignet sich nur prächtig als Pejorativ. Das als das deutsche Extremderby eigentlich bekanntere Tauziehen zwischen Dortmund („Lüdenscheid-Nord“) und Schalke („Herne West“) kennt ein artverwandtes System der Abwertung. Peine ist kaum bekannt, weit weniger sogar als Braunschweig und Hannover. In der Bauwirtschaft bezeichnet der sogenannte „Peiner“ einen breitflanschigen Stahlträger. Eine weitere Besonderheit findet sich darin, dass die Einwohnerzahl Peines seit Jahrzehnten ziemlich genau um die Marke von 49.000 herumpendelt, so dass es theoretisch auf die Einrichtung eines bordellartigen Betriebs verzichten darf, dessen Genehmigungspflicht in Deutschland Städten von 50.000 Einwohnern an aufwärts vorbehalten ist. Der Marktplatz wurde übrigens von Gunzelin von Wolfenbüttel angelegt. Ein komischer Name. Bestimmt trug der Typ Strumpfhosen. Darüber hinaus gibt es zu Peine eigentlich nichts zu sagen.

Das wäre ja ausnahmsweise sogar fast lustig, meinte meine Freundin, als ich ihr vom Peine-Brauch erzählte. „Nicht so wie das andere.“ Ich wusste, was sie mit dem anderen meinte, und schämte mich ein bisschen.

Ich hatte ihr nämlich auch mal von der Sache mit den Schlachtabfällen berichtet. Belustigt und mit vom Schabernack rotgefärbten Bäckchen versah ich meine Schilderung neben diversen glucksenden Hihis und Hahas mit dem nachsichtigen Tadel, den der Erwachsene einem kecken Knaben für dessen besonders kühnen Streich gewährt. Ein Tadel also, der eigentlich ein verstecktes Lob ist.

Sie allerdings reagierte sichtlich angewidert. Und zwar so sehr, dass ich ob meiner Instinktlosigkeit erschrak. So gut hätte ich sie und ihre Einschätzung der Fleischwerdung unseres kleinen Niedersachsen-Beefs kennen müssen: geschmacklos und widerwärtig. Das, so sie (oder neudeutsch: sie so), seien doch keine Menschen mehr.

„Nee", meinte ich. „Eben noch nicht mal mehr Schweine, deshalb ist das doch auch gar nicht so schlimm."

„Ich meine nicht die Schlachtabfälle, sondern die, die so was machen."

Ach so. Ja, schon klar. In die Defensive geraten, versuche ich mich immer gern durch Witzeleien zu retten, die sich aus künstlichen Missverständnissen speisen. Doch genaugenommen handelte es sich um einen schlimmen Rückfall: Selbst nach meiner weitgehenden Läuterung (ein kleiner Vorgriff auf die drei letzten Kapitel) entschuldige ich noch immer reflexartig so manche Barbarei von Eintrachtseite aus. Hauptsache, der entsprechende Ausfall hat nichts mit Diskriminierungen zu tun, und auch möglichst wenig mit Stolz, Tradition, Heimat und all jenen fragwürdigen Werten, die ich ebenfalls längst überwunden glaubte. Aber die Schlachtabfälle waren nach dieser Regelung doch völlig pc, oder? Denen konnte keiner mehr wehtun, weder seelisch noch körperlich. Niemand hatte abwertend von „schwulen Schlachtabfällen" gesprochen, keiner von „Schlachtabfälle – unsere schwatte Perle" (wie gern mal über Domi Kumbela – nett gemeint ist oft daneben). Alles war im grünen Bereich. Dachte ich jedenfalls.

Ob sich das nun gegen Hannover richtete, war mir, wie gesagt, egal. Aber ich fand die Geste halt schön abgefuckt. Ein Rückfall eben. Und der wird auch nicht dadurch besser, dass ich für Hannover statt Hass nur Gleichgültigkeit empfinde. Denn die ist ja überhaupt das Schlimmste. Liebe und Hass sind wiederum erstaunlich nah verwandt. Also kann ich es mir sparen, arrogant auf andere zu zeigen. Die hassen wenigstens, also lieben sie vermutlich auch oder sind zumindest theoretisch dazu in der Lage. Im Gegensatz zu mir.

Ich denke, an dieser Stelle wird es Zeit für eine kurze Abhandlung über die Liebe.

In uralten Zeiten, als zwar das Wünschen noch geholfen hat, doch das Träumen dafür verboten war, hatte der Mensch nur folgende sieben Gefühle zur Verfügung: Zorn, Enttäuschung, Schadenfreude, Trauer, Neid, Eifersucht sowie den Hass, der die stärkste, mächtigste und fruchtbarste der sieben Empfindungen war.

Als ihre Menschen nächtens alle schliefen, trafen sich die Empfindungen in einer Kalksteinhöhle, die als Seminarraum diente, zu einem außerordentlichen Plenum. Sie sprachen – wie konnte es auch anders sein – über ihre Gefühle. „Ich bin so wütend", sagte der Zorn. „Scheiße, schon wieder verloren", sagte die Enttäuschung. „Hätte ich dir gleich sagen können", sagte die Schadenfreude. „Ich heul' gleich", sagte die Trauer. „Ihr habt vielleicht Probleme", sagte der Neid. „Pressen", befahl die Eifersucht. „Wahahaaaa", schrie der Hass. Aus seiner Vagina flutschte ein feuerroter Kobold, landete zum Glück weich in der Galle des Zorns, und das erste, was die neugeborene kleine Liebe quakte, war: „Es ist was es ist."

Und so war es auch.

Weil es noch keine singenden Pakete von Amazon gab, musste man die zerbrechliche Liebe zunächst eigenhändig pflegen. Das war nicht einfach, da der Mensch erst noch alles über das neue Gefühl lernen musste. So experimentierte man über die nächsten Jahrtausende viel herum, mit Keulenschlägen, Scheiterhaufen, Brandbomben und Unterdrückung der Frau. Vor allem aber versuchte man es mit unzähligen Worten. In Gesprächen, in Liedern, in Gedichten, in Romanen, in Ratgebern.

Dabei muss man in der Liebe überhaupt nicht viele Worte machen. Es ist nun mal, was es ist. Das genügt. Darüber hinaus allenfalls noch, „ich dich nicht", „eigentlich hab ich gerade gar keine Zeit für 'ne Beziehung", „du bist viel zu gut für mich", „Sex ist völlig unwichtig", „dann hab ich mich eben getäuscht", „sorry, aber ich bin noch nicht wirklich wieder frei im Kopf", „Sex ist das wichtigste", „es hat alles hundertpro gestimmt zwischen uns, aber jetzt hab ich ganz plötzlich eine(n) andere(n) kennengelernt", „es läuft doch gut,

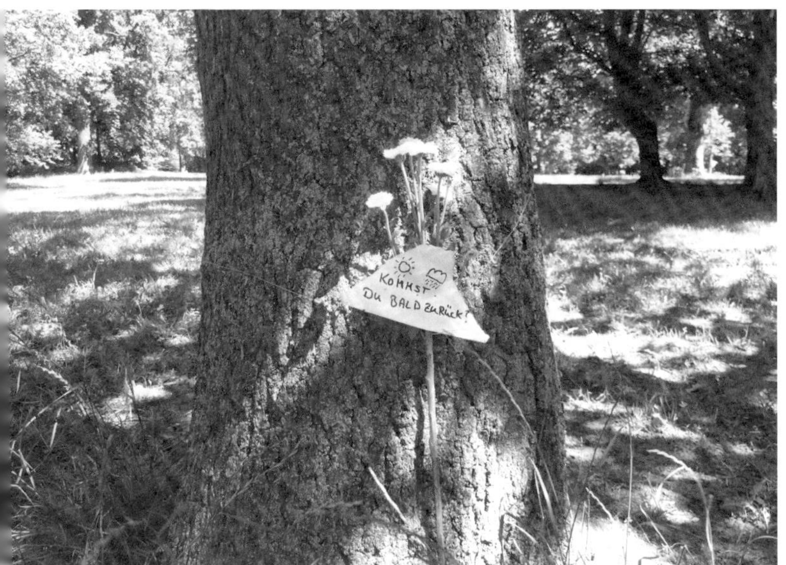

Man muss in der Liebe überhaupt nicht viele Worte machen.

so wie es ist", „danke, dass du in einer schwierigen Zeit für mich da warst – wir telefonieren dann", und „„ich möchte unbedingt vermeiden, jemals wieder von irgendjemandem verletzt zu werden ..."

Und damit endet unsere kleine Abhandlung auch schon. Was das mit Hannover zu tun hat? Gar nichts. Dass mir die Derby-Sache innerlich egal war, hinderte mich ohnehin nie daran, die rituellen Hassformeln nachzuplappern, sobald ich es für angebracht hielt. Sprich, wenn ich beweisen musste, dass ich als Krieger der Straße auf die Regeln eines zivilisierten Miteinanders pfiff. Und das musste ich eigentlich ständig. Ich war zwar konfirmiert worden, doch hatte ich während der Zeremonie Zeige- und kleinen Finger hinter meinem Rücken gespreizt Richtung Hölle gehalten und einen Pakt mit dem Teufel geschlossen. Somit war der religiöse Akt nicht nur annulliert, sondern quasi konterkariert worden. Ich war nun offiziell böse. Ein echter Eintracht-Junge eben.

So hasste ich schon in meiner bayerischen Jugend auf meiner Schulbank - immer die hinterste, wo die harten Hater nun mal saßen – still und ernsthaft vor mich hin. Das heißt, ich tat so. Wenn mich der Mathematiklehrer fragte, warum ich dem Unterrichtsgeschehen nicht folgte, sondern stattdessen düster an die Decke starrte, antwortete ich: „Wegen der Hannover-Schweine." Für den Rest der Stunde wurde ich daraufhin in Ruhe gelassen. Ich stellte mir vor, dass ich als äußerst gefährlich und unberechenbar galt, und nicht nur wegen der Nägel, die ich vorne in meine Gummistiefel geschlagen hatte, so dass es klickerte, wenn ich gegen die Wände trat. Die Erfüllung des Lehrplans war etwas für Spießer, Ja-Sager und Weichlinge, die vom Fußball keine Ahnung hatten. Wenn ich einen Hannoveraner träfe, würde ich ihn garantiert töten. Das erzählte ich während der Pause auch den Coolen in der Raucherecke. Ich selbst rauchte ja nicht. Meine Mutti hatte es verboten. Scheiß Hannover.

Dabei sollten sich doch eigentlich gerade diese beiden Städte als Leidensgenossen die Hände reichen. Denn jede ist in ihrer jeweiligen Größenordnung der angebliche Inbegriff der nichtssagenden Stadt. Wenn auf dem Schulhof der Städte die anderen in der Pause lachend um euch herumtanzen: „Hannover, hahhaha, wie hohl!", „Braunschweig, gibt es nicht, lalalalalaala!", dann schließt euch trotzig weinend zusammen und bietet den Spöttern gemeinsam die Stirn. So geht es doch viel leichter.

Wenn man Leute glauben machen kann, dass schon dasselbe Volk wie sie, aus der genauso drögen Nachbarstadt, der Todfeind ist, möchte ich mir gar nicht vorstellen, wie diese Leute hassen könnten, wenn man ihnen erzählt, dass der Araber ihnen den Weihnachtsmann wegnehmen wolle. Aber ich brauche es mir ja auch nicht vorzustellen – ich sehe es schließlich allenthalben.

Auf der anderen Seite, also jener der Liebe, heißt es nun wiederum, die Braunschweiger Fans seien mit denen des 1. FC Magdeburg befreundet, warum, weiß ich nicht. Also, ich bin es nicht. Meine Freunde sind das nicht. Ich kenne die nicht und ich will sie auch nicht kennenlernen. Mit denen verbindet mich ein Furz. Bestimmt sind die immer gemein zu den Schankdamen. Und was soll das denn überhaupt? Weil es die Nachbarstadt ist? Wäre es nach mir gegangen, hätte ich sogar eine Fanfreundschaft mit Hades United bevorzugt. Beziehungsweise kann man dann doch genauso gut mit West-Peine befreundet sein – das liegt immerhin noch näher.

Ich denke, was mich an diesen sogenannten „Fanfreundschaften" im Wesentlichen stört, ist, dass ihre explizite Erwähnung in der logischen Konsequenz bedeutet, dass man mit allen anderen „verfeindet“ ist. Aber wozu das denn? Wir sind doch alle Fußballfreunde, Kinder, reicht euch doch die Hände. Und singt. Singt jetzt mit mir ein Lied, bei dessen Niederlegung Altersmilde, aber auch Weisheit, mir die zittrige Hand führte:

Hannover und Braunschweig
im Geiste vereint,
Hannover und Braunschweig:
so heißt unser Freund.
In Liebe und Eintracht
hört unsren Gesang,
steh'n wir fest zusammen,
so ist uns nicht bang.

(An dieser Stelle könnte noch ein einprägsamer Refrain folgen, der den allgemeinen Wert der Freundschaft mit philosophischen Thesen unterfüttert; alternativ auf charmant-frivole Art neckische, aber niemals grob obszöne (die Kinder!) Andeutungen über die Freuden der Erotik als Bindeglied zwischen Körper, Geist und Seele (Tantra!), und ergänzt um angeberische Selbstreferenzen auf meine in der Tat äußerst gelungene „Abhandlung über die Liebe“. Lass ich aber lieber. Das Kapitel sollte ursprünglich eh nur fünf Zeilen lang werden.)

Erbfeind. Ein schlimmes Wort. Da denkt der eine an den Teufel und der andere an Frankreich. Das sollte uns doch ein für alle Mal Warnung genug sein. Im Westen nichts Neues: Stahlgewitter für die Dummen, ein Horror für alle anderen. So etwas möchte niemand jemals mehr erleben. Deshalb nehme ich hiermit alle eventuell in diesem Buch bereits geäußerten Frankreichlästerungen zurück und behaupte das Gegenteil.

Dieses uns weit überlegene Kulturvolk (Käse!) gehört in einem fort geherzt, gestreichelt und gelobt. Was mir, und das passt zu diesem Kapitel sehr gut, aus meiner heutigen Sicht der Dinge heraus übrigens wirklich gefällt, ist der vergleichsweise unaufgeregte Umgang der Franzosen mit dem Sport. Der in einigen anderen Ländern überschnappende Fanatismus, diese Gewaltneigung, die chronische Kiefersperre bei gleichzeitig aus den Höhlen tretenden

Augen, sobald es um den Fußball und da insbesondere den Gegner, den „Feind“ geht, spielt in Frankreich nicht diese ganz große Rolle. Fußballgucken ähnelt hier eher einer von vielen möglichen Formen der Freizeitbeschäftigung. Man trägt Farben, durchaus, es gibt Gesänge, doch die wenigsten verabschieden sich dabei komplett von ihrem Ich wie bei einer halluzinogenen Drogenerfahrung. Natürlich flippen die Leute dort bei anderen Themen auch gern mal unschön aus. Aber wenigstens nicht beim Fußball, Ausnahmen sind dokumentiert.

Versöhnt und voller Liebe möchte ich also zum Volk sprechen und die Liebe zu Hannover predigen. Doch manchmal kommt im letzten Moment etwas dazwischen: Dann sehe ich Gerhard Schröder jubelnd neben Martin Kind auf der Tribüne bei deren Auswärtsspiel in Augsburg und denke bloß: ein Anblick wie ein Brechmittel. Hörgerätezar Kind, der lupenreine Demokrat, und Schröder, der Freund aller lupenreinen Demokraten und Träger jedes Fan-Schals, den man ihm hinhält. Wie einem Hund die Wurst für ein Kunststück: Hier! Schröder! Ja! Schnapp, Schröder! Freu, Schröder! Da sind die Kameras! Ja! Fein gemacht, Schröder! Ja, du bist ein ganz ein Feiner! Guter Schal, guter Schröder! Gestern Dortmund, vorgestern Cottbus, heute und dazwischen immer wieder Hannover. Ein lupenreiner Opportunist.

Doch was kann die Stadt Hannover dafür, dass eine solche Brut aus ihrem Schoß geschlüpft, was der Verein dafür, sich solche Läuse in den Pelz gesetzt zu haben. Schließlich ist kaum ein Club gegen den Befall durch merkwürdige Präsidenten immun. So gab es auch bei der Eintracht ja mal einen Gerhard Glogowski. Glogo, der „lebensfrohe Landesfürst“ (Focus) und „Löwenkönig“ (ebd.) war bekanntlich für jedes Umsonst-Häppchen schnell zu haben und hat wenig dazu beigetragen, den Ruf der Eintracht als seriös geführtes Unternehmen zu stärken. In seiner Heimat Braunschweig verziehen ihm das freilich die meisten.

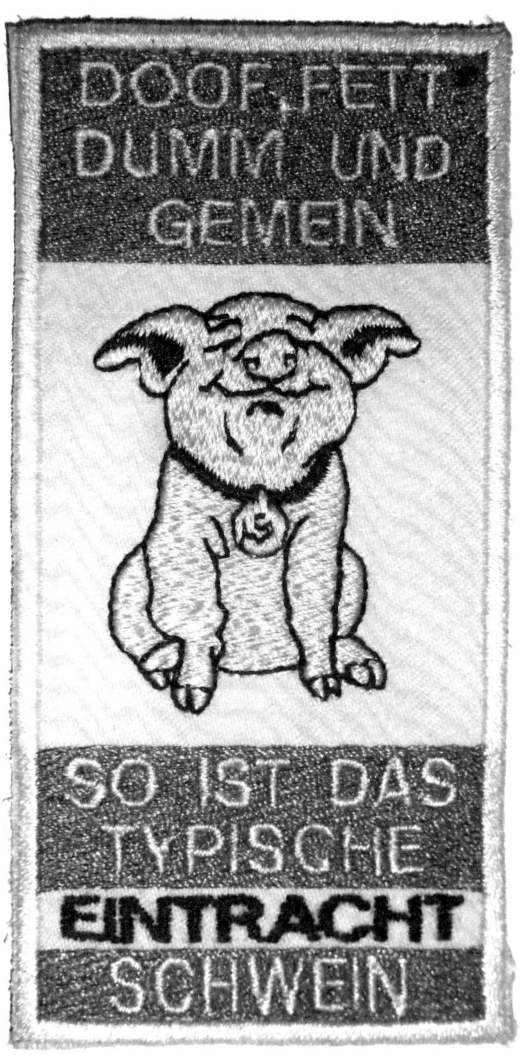

Was sich liebt, das neckt sich.

Heimat

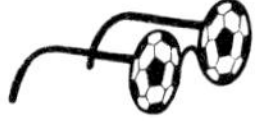

„Da ging Eulenspiegel mitten in den Saal, hob sich hinten auf und schiß mitten in den Saal einen Haufen."
(Aus: Hermann Bote: Ein kurzweiliges Buch von Till Eulenspiegel aus dem Lande Braunschweig.)

Früher hab ich mich eigentlich immer so ein bisschen geschämt. Nicht ganz früher, als ich ein Kind war und die Eintracht im UEFA Cup spielte. Aber später. Auch in meinem langjährigen Wohnort Berlin. Also zumindest ein bisschen schon.

Wenn mich dort jemand fragte, wo ich denn herkäme, murmelte ich entweder Unverständliches oder wich gleich ganz aus: „Ich bin in Bayern aufgewachsen." Zwar gibt es auch gegen Bayern jede Menge Vorurteile, doch immerhin mischt sich das (weiter oben auch von mir selbst befeuerte) Klischee, bei Bayern handele es sich um Wilde, die kein Deutsch können und sich in Tierhäute kleiden, mit dem Respekt vor sportlichen, wirtschaftlichen und kulturellen Leistungen, für die das Land ja ebenfalls berühmt ist. Und von Bayern hatten alle wenigstens schon mal gehört. Es gab etwas dazu zu sagen. Man hatte eine Meinung dazu, ob sie nun gut war oder schlecht. Es war wenigstens nicht NICHTS.

„Ja, aber wo kommst du her? Du sprichst doch kein Bayerisch", ließ daraufhin der andere oft nicht locker. Er oder sie schien einen bestimmten Verdacht zu hegen, obwohl ich doch nicht nur kein Bayerisch sprach, sondern auch in der Lage war, hochdeutsche Diphtonge auszubilden, anstatt sie wie ein Brohnschwager zu einem Brei aus mehrmals überfahrenen Vokalen zu verschleifen.

Ich fühlte mich in die Enge getrieben. Entweder lief ich nun einfach weg, oder, wenn das aus räumlichen Gründen nicht ging, drehte ich mich um und wartete ab, bis sich nur noch möglichst wenige potentielle Lauscher in Hörweite befanden. Dann flüsterte ich: „Ich bin in Braunschweig geboren", und fügte schnell hinzu: „Aber ich bin da schon als absolut winzigkleines Kind weggezogen. Praktisch im fortgeschrittenen Embryonalstadium – ich war soeben dabei, die Lanugo-Behaarung auszubilden. Ich kann nichts dafür. Und es ist nichts geblieben! Ich bin geheilt und betrachte mich als Weltbürger."

Auf der Stelle erlahmte dann das Interesse meines Gegenübers am Thema, aber auch an mir. Es konnte passieren, dass die Leute bei dem Wort „Braunschweig" auf der Stelle einschliefen. Es wirkte wie ein Schlafmittel, wie eine Hypnose, wie ein Keulenschlag.

Das wird den Braunschweigern und auch Bielefeldern ja gern eingeredet. Dass sie aus einer Stadt kämen, die gar nicht existiert. Weiße Flecken auf der Landkarte, in denen die überraschend zahlreichen Einwohner verschwänden wie in einem schwarzen Loch. Die Ursache für diese üble Nachrede war natürlich kein Neid, sondern blanker Spott, der sich aus dem Grundbedürfnis besonders charakterschwacher Menschen nährt, sich scheinbar inferiore Opfer zu suchen, um an denen ihren Dünkel auszuleben. Im Grunde arme Schweine, ganz nebenbei gesagt. Verflucht arme Schweine.

Die Bielefelder waren noch vergleichsweise gut dran. Ihr Unort befand sich wenigstens an einer vielbefahrenen Bahnstrecke mitten in der BRD; nicht allzu fern davon schlug sogar das einstige industrielle Herz des Landes. Braunschweig lag hingegen im Niemandsland, dem erweiterten Todesstreifen im Zonenrandgebiet. Dieser Streifen war wie ein Computerspiel des Todes aus mehreren Leveln zusammengesetzt. Vorderes Sperrelement, Minenfeld/Selbstschussanlage, Signalzaun mit Verbindung zum nächsten Grenzturm, geharkter Kontrollstreifen, Graben, Kolonnenweg, hinteres Sperrelement. Dahinter aber folgte als weiteres, kaum überwindbares Hindernis noch der Zonenrand, ein etwa achtzig Kilometer breiter Halbtodesstreifen aus sich selbst beziehungsweise dem freien Spiel der politischen Weltentwicklung überlassenen Ortschaften – vergessen, verflucht oder im Rückbau befindlich. So auch Braunschweig.

Näherte man sich der Stadt von Süden her, musste man auf Gleis 113 IN KREIENSEN UMSTEIGEN. „Das tote Gleis", wie die Reisenden einander furchtsam zuraunten, wurde kaum öfter in Betrieb genommen als der „tote Mahlgang" in der verwunschenen Mühle aus dem Märchen „Krabat". Weiter ging es dann auf einer sich schier endlos hindehnenden, nicht elektrifizierten Nebenstrecke per Dampfzug oder Diesellok in Sichtweite des Harzes über Salzgitter-Dings, Salzgitter-Bums und Salzgitter-Ringelheim. Dieses Salzgitter muss flächenmäßig eine der größten Städte der Welt gewesen sein, aber natürlich wirkten auf mich als Kind Zeit und Raum auch schier unendlich. An einem wie ausgestorbenen Bahnhof aus lieblos aufeinandergestapelten Betonteilen minderer Qualität empfingen mich schließlich die Großeltern. Wir mussten uns beeilen. Das Sandmännchen fing gleich an. Großes Plus: In Braunschweig konnte man das DDR-Programm empfangen.

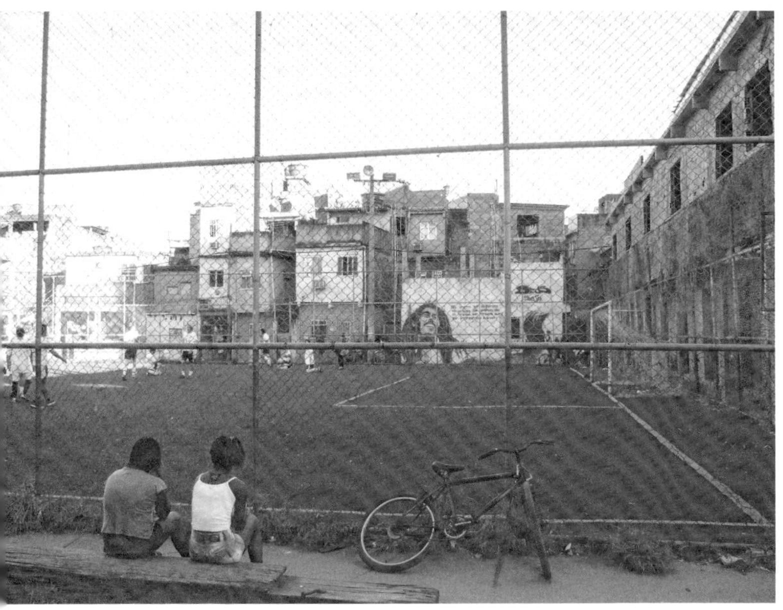

Das Mekka des ehrlichen Fußballs.

Doch alles andere konnte man wirklich keinem erzählen. Was dem Kind noch vollkommen egal war, begann dem Jugendlichen langsam aber sicher peinlich zu werden. Ausgelöst von der Aura meiner Heimatstadt wurde mein Ich von dem Gefühl analoger Bedeutungslosigkeit gekapert und durchdrungen. Die Farben meiner imaginären Flagge waren schwarz, weiß und grau. Meine Herkunft war Aufhänger für ein sich verselbstständigendes Mobbing, das sich zum großen Teil doch nur in meinem eigenen Kopf abspielte. Ich war gezeichnet. Ich stammte aus Zombie-City. Das ging in der Pubertät zeitweise so weit, dass ich meine eigene Existenz ernsthaft anzweifelte. Bisweilen schnitzte ich mir, um mir zu zeigen, dass ich lebte, mit einem kleinen Taschenmesser auf dem Unterarm herum. Und da ich nun schon mal dabei war, verlieh ich dem Kunstwerk auch noch seine angemessene Form. Die Initialen „E. B." standen dann im Anschluss dort – das stand nicht etwa für „Eva Braun", sondern für „Eintracht Braunschweig". Jetzt existierte ich wieder.

Was für eine genialische Idee! Mithilfe dieser neuen Taktik ersetzte ich Grau durch knallige Farben: Blau und Gelb. In immer weiter ausgeschmückten Legenden präsentierte ich Braunschweig den Mitschülern als schillernde Metropole des Nordens, ein sagenhaftes Atlantis einer Parallelwelt, die nur der Würdige jemals erblicken würde, sowie als Mekka des ehrlichen Fußballs. Konrad Koch, Tull Harder, Franz Merkhoffer.

Der Spott meines Umfelds synthetisierte in mir zu trotzigem Stolz. Bald glaubte ich meinen Müll auch selbst und wurde vorübergehend zum glühenden Lokalpatrioten einer Heimat, die ich kaum kannte. So ähnlich wie ein nachgeborener Erdogan-Fan in Deutschland, der die Scheiße ja nicht selbst ausbaden muss. Entsprechend musste ich nicht in Braunschweig wohnen. Das Los von Unterversorgung, Mangelernährung und IN KREIENSEN UMSTEIGEN musste ich nicht mittragen. Aus der sicheren Entfernung des idyllischen Alpenvorlands schwärmte ich von den tausend goldenen Kuppeln der Stadt, den mächtigen Zinnen, der fetten Fußgängerzone, dem unglaublichen Fußballstadion, dem unschlagbaren Verein mit seinem besten Publikum der Welt. Stolze, unbeugsame Menschen, schön und kraftvoll – das Pfund, mit dem Südostniedersachsen seit Jahrtausenden großzügig wucherte. Kein Wunder, dass ich später möglichst keinen der Freunde, die ich jahrelang systematisch belogen hatte, zu einem Heimspiel mitnehmen wollte.

Dann wäre ja alles aufgeflogen: der von mir in den höchsten Tönen besungene „Strom" der Oker bloß ein dunkelgrün dümpelndes Rinnsal aus Entengrütze; der „Flughafen" ein verwaistes Rollfeld, das in den letzten fünfzig Jahren fast nur noch von Reinhard Mey benutzt wurde; die Eintracht ein unbedeutender Provinzverein von vielen.

Jedenfalls fielen mir meine Märchen bald schwer auf die Füße. Bereits Mitte der Achtziger drehte sich das Schicksal der Eintracht endgültig in Richtung permanenter Unterklassigkeit. Das der Stadt jedoch – welch grausame Grille der Götter! – wandte sich durch das Ende des Kalten Kriegs. Auf einmal hielten am Bahnhof wieder richtige Fernzüge. Fremde, modern und europäisch gekleidete Menschen, stiegen aus und ein. Am Kohlmarkt eröffnete eine Starbucks-Filiale.

Ganz anders, ja gegenläufig, entwickelte sich zu jener Zeit die Eintracht. Wolfgang Frank und Bernd Gersdorff hießen nun Ulf-Volker Probst und Ulf Metschies. Das konnte nicht gutgehen. Die allumfassende Verulfung der Blau-Gelben ritt sie Anfang der

1990er Jahre derart gründlich in die Kloake Drittklassigkeit, dass es zehn Jahre bis zum nächsten Wiederaufstieg dauern sollte. Freilich stieg man mit Pauken und Trompeten gleich wieder ab.

So vergrub ich hinfort nicht nur auf lange Zeit Braunschweig und den Braunschweiger in mir; ich mochte bald auch auf die Frage nach meinem Verein die Antwort nur noch murmeln. Ich hatte es satt, dass entweder der Kopf geschüttelt oder gelacht wurde. Ich hasste das dämliche: „Gibt es die noch?“ oder: „In welcher Liga spielen die denn überhaupt?“ Und noch mehr hasste ich es, wenn als nächstes das Wort „Jägermeister“ fiel. Entweder mit einem süffisanten Grinsen unterlegt, das die sportliche Performance der Eintracht noch Jahre nach dem beendeten Engagement des Wolfenbütteler Likörherstellers so subtil wie infam mit dem klassischen Absteigergetränk in Deckungsgleiche brachte, das auf den Trikots beworben wurde; oder wahlweise mit Checkermiene, die den Stolz darüber verriet, dass das Nebenhirn ein besonders schräges Exponat aus der Schublade mit dem unnützen Wissen auszugraben wusste.

Die sich ganz toll auszukennen meinten, lachten verächtlich oder laberten was von „Hooligans“. Ein paar Spezialisten gerieten auch ins Schwärmen und tischten alte, wie üblich zu 95 Prozent erfundene (siehe Kapitel „Hass“) Schlachtenlegenden auf, in denen die Fachausdrücke „Shell-Tankstelle“, „Hamburger Straße“ oder „Schnapsleichen“ (Name immer noch geändert) fielen. Dabei kannten sie keinen einzigen unserer Spielernamen. Die ekelhafte Häme der Unerleuchteten mit ihren Hochglanzkomfortvereinen ließ mich ahnen, wie aus beleidigten Fundamentalisten Mörder werden können. Akzeptable Reaktionen oder sogar Trost erhielt ich im Grunde nur von Leidensgenossen, in deren Erinnerungen die verstaubten Trophäen vergleichbar abstruser Kultvereine herumstanden wie in halbblinden Vitrinen.

Heute, nach langen Jahren der Distanzierung, hat sich die Perspektive wieder zurechtgerückt: Der über Bande projizierte Selbsthass ist so wenig angebracht wie der direkte. Er versaut bloß das Karma. Und gerade wenn man mit dieser Attitüde so lustvoll jongliert wie ich, muss man darauf achten, dass sie nicht so wie früher die komplette Persönlichkeit ansteckt. Ich behaupte nicht, dass das jederzeit gelingt.

Die Nacht nach dem 3:1 gegen Union im Mai 2017 verbrachte ich in einem Braunschweiger Hotel. Am nächsten Morgen war noch viel Zeit bis zur Rückfahrt nach Berlin. Auf der Suche nach einem zeitgemäßen Café mit W-Lan, Rhabarberschorle und postmodernen Heißgetränken schlenderte ich durch die zu dieser frühen Stunde leere Innenstadt. Der Morgen war schön und klar. Die wenigen architektonischen Perlen, die die Lancasters der RAF verschont hatten, schimmerten umso schöner in der Frühlingssonne: Dom, Altstadtrathaus, Burg Dankwarderode. Ich knipste das Zeug, als hätte ich es zum ersten Mal gesehen.

Der Blick war endgültig einer von außen geworden. So lange war ich nun fort; in Jahren, Worten, Taten, Gedanken und Kilometern so weit entfernt von dieser Stadt, die als Geburtsort in meinem Ausweis steht. Einst entkroch ich hier als dunkelvioletter Wurm dem Schoße meiner Mutter, quäkte in die verpestete Morgenluft über dem Krankenhaus an der Celler Straße; die Welt wankte, doch sie fiel nicht. Weit weg all das und lange her.

Nun liegen die Großeltern schon seit Jahren auf dem Friedhof an der Helmstedter Straße, direkt hinter dem Hauptbahnhof. Aus

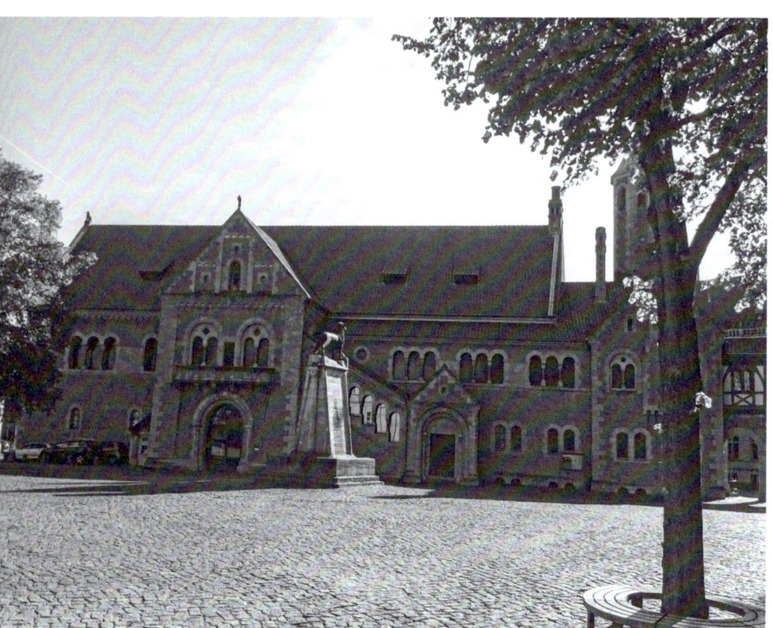

Ich knipste das Zeug, als hätte ich es zum ersten Mal gesehen.

Berlin kommend kann man vom Zug aus linkerhand die Gräber sehen – auf dem Friedhof ist ungefähr so viel los wie bei meinem ersten Mal im leeren Eintracht-Stadion. Ich hebe dann jedes Mal stumm grüßend die zum Ende der kurzen Reise beinah leere Bierdose. Im Bahnhofs-Rossmann wird es gleich eine neue geben. Seit Großmutters Tod komme ich immer seltener her. Die meisten Heimspiele verfolge ich per Liveticker, auf dem Smartphone oder dem Laptop, manchmal auch in der bereits erwähnten Löwenklause.

Ich fühlte mich wie ein Tourist, und ich war ja auch ein Tourist in meiner eigenen Vergangenheit, der das Ensemble der Sehenswürdigkeiten von allen Seiten ablichtete, nur um die Bilder später wieder zu löschen, ohne sie auch nur einmal anzusehen. Das machen zwar alle so, doch ich fotografierte, um die Bilder nicht nur auf der Kamera, sondern damit zugleich in mir selbst zu löschen. Indem ich sie aufnahm, banalisierte ich die Eindrücke erst und vernichtete sie dann symbolisch, um so ein neues Kapitel in meinem Verhältnis zur Heimat aufschlagen zu können, das von Unbefangenheit und Neutralität geprägt sein würde.

Die Legende von der unsichtbaren Stadt, die nichtssagender ist als alle anderen Orte und deren Existenz daher aus Spaß wie im Ernst angezweifelt wird, ist sowieso ein Schwindel. Denn weder Braunschweig noch Bielefeld sind Spezialfälle. Sie sind bloß zufällig ausgewählte Opfer aus dem Kreis der kleineren Großstädte. Die haben nämlich durch die Bank gemein, dass sie von den Folgen ihrer flächendeckenden Zerstörung geprägt sind.

Der Groschen fiel bei mir eines Tages beim Besuch im ähnlich großen oder kleinen Augsburg. In meinem Unverstand war ich mit einem Sack voll positiver Erwartungen dorthin geraten: reich, alt, römische Gründung, Fuggerstadt und hastenichtgesehen. Doch auch dort war es kein bisschen besser. Augsburg sah aus wie offenbar alle Städte dieser Größenordnung nach dem Zweiten Weltkrieg: gleich, um nicht zu sagen: kacke. Die mittelgroße Stadt, zu groß, um nicht gründlich Angriffsziel zu werden, und zu klein, um das zu überstehen, muss danach als seelenlose Lachnummer herhalten. Noch nackter steht der kleine Kaiser da, wenn er auf den kläglichen Restbestand an Fachwerkhäusern verweist, ein Feigenblatt aus Nichts. Frei nach Tilman Birr: „On se left you see se Magniviertel." Das ist eigentlich gemein. Den Krieg haben sie doch schließlich alle angefangen. Hitler erhielt zwar seine Einbürgerungsurkunde am 25. Februar 1932 durch den Freistaat Braunschweig, aber sicher hätte er den Zettel auch anderswo bekommen.

Ich nehme vieles zurück, ohne allzu konkret das Gegenteil zu behaupten. Braunschweig wirkt auf Außenstehende langweilig, aber es kann nichts dafür. Auch befindet es sich mit diesem Eindruck in prominenter Gesellschaft (Günter Grass, Game of Thrones, Berliner Ensemble). Selbst der Standortfaktor Zonenrandgebiet, der höchste Trumpf im Spiel um den Titel der provinziellsten Stadt, hat sich weitgehend verflüchtigt und einer unauffälligeren Form der Nichtigkeit Platz geschaffen.

Die Peinlichkeit ist auf ein normales Maß gesunken. Man muss nicht mehr IN KREIENSEN UMSTEIGEN. Einmal habe ich auf der Straße sogar Marihuana gerochen. Ein anderes Mal einen Punk gesehen. Er trug zwar einen Schlips, aber in der Hose waren mindestens fünf Löcher. In Block 5 des Eintracht-Stadions stehen TU-Studenten aus aller Herren Länder. Vor dem Spiel gibt es keine Reklame mehr vom „Haus der 5.000 Hosen“ und in der Pause fährt keine Polizeimotorradstaffel mehr über die Aschenbahn, gefolgt von einer Blaskapelle. Es gibt überhaupt keine Aschenbahn mehr, sondern eine Tartanbahn. Eines Tages wird vielleicht sogar die verschwunden sein. Zugunsten von gar keiner Laufbahn, wie in einem richtigen Fußballstadion. Ein Fußballstadion, undenkbar, wo bleibt die Tradition?

Apropos Tradition. Das letzte Mal, dass ich im Stadion den Arschloch-Klassiker „Wir bauen eine U-Bahn von Hannover bis nach Auschwitz“ gehört habe, ist mittlerweile Jahre her und wurde in einem Pfeifkonzert erstickt. Schöne Grüße von der bürgerlichen Gesellschaft an die Hunnen. Später habe ich das Lied einmal noch in der Straßenbahn gehört.

Natürlich antworte ich auf die Frage nach meiner Herkunft weiter mit „Ich bin in Oberbayern aufgewachsen“. Mit etwas Frieden geschlossen zu haben, ist ja nicht gleichbedeutend damit, sämtliche Alibis zu verbrennen. Außerdem kenne ich als Bühnenkünstler nur zu gut den Unterschied, ob über mich gelacht wird, oder ob man mich auslacht. Denn ab und zu gibt es sie eben noch, die blöden Momente: So, als ein Schauspieler neulich im Deutschen Theater allein mit der Erwähnung des Wortes „Braunschweig“ vorn an der Bühnenrampe einen Lachsturm im Publikum auslöste. Im Parkett lächelte ich schief. Wenn jemand solche Witze macht, dann bitte wir selbst.

Da sind es auf einmal doch wieder „wir“ selbst. Und wenn sich die Fragesteller mit meiner Antwort nicht zufrieden geben, murmle ich das „Braunschweig“ nicht mehr gar so unhörbar und vernuschelt. Ich spreche es leise, aber bestimmt, wie ein empathischer und dennoch ehrlicher Arzt eine unangenehme Diagnose. Es könnte schlimmer sein, man könnte ja auch Hannover haben. Und gleichzeitig bin ich der Patient, der diese Diagnose nach langem Hadern endlich anzunehmen gelernt hat. Wenn die Texter für die Öffentlichkeitsarbeit der Stadt Braunschweig nun endlich noch ein für alle Mal die Formulierung „Viertelmillionenstadt“ aufgäben, wäre schon viel erreicht.

Resignation

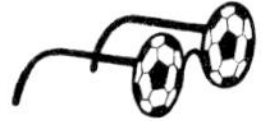

„Ich würde das komplette Vereinsvermögen in einen Mentaltrainer stecken, in paar Jahren haben wir das Geld wieder raus."
(User „Dopamin" im Fanforum)

Das Bild der umfänglichen Zerrüttung, das ich hier nunmehr seit etwa hundert Seiten zeichne und gründlich dunkelgrau schraffiere, mag auf manche übertrieben wirken. Doch das ist es leider nicht. Und wer sich nun fragt, wie aus mir ein auch nur halbwegs funktionierendes Mitglied der Gesellschaft werden konnte, dem kann ich nur antworten: Im Grunde gar nicht.

Aber ich habe es wieder und wieder versucht. Zunächst einmal, indem ich mir eine unauffälligere Mimikri aus Fatalismus, stoischer Leidensfähigkeit und Gleichgültigkeit zulegte. Doch die Tarnung gelang nur oberflächlich und die Maske fiel schnell.

Denn wer das zweifelhafte Vergnügen hatte, mich beim Verfolgen eines Eintrachtspiels zu beobachten, wurde verlässlich Zeuge meines Spieltag-Tourettes: Egal, ob in Gesellschaft oder allein, schimpfte und brabbelte ich dann wie ein psychisch derangierter Stadtschrat vor mich hin. Alle waren „Arschlöcher": die Spieler, die gegnerischen wie die eigenen, die Zuschauer, die Reporter, die Bälle, die Eckfahnen, die Geschehnisse, die Welt mit Sonne, Mond und Sternen. Die Scheißsterne. Die ganz besonders.

Die einzige Ausnahme von diesen Ausbrüchen bildeten Gegentore. Bei einem Gegentor verstummte ich auf der Stelle und fiel in eine Art Schockstarre. Ich fluchte nicht mal, schrie nicht „Scheiße" und schon gar nicht Aufmunterungen à la „Auf geht's, Eintracht!", „Jetzt erst recht!" oder „Jawollo, ihr packt das noch, ich glaub an euch!" Das sind in meinen Augen Reaktionsmuster, die US-Amerikanern oder esoterischen Spinnern vorbehalten sind. Diese Du-kannst-es-schaffen-Mentalität ist mir völlig fremd. Ist das Kind in den Brunnen gefallen, bleibt es dort liegen, bis es schwarz wird. Wer soll es denn rausholen: der Hei-

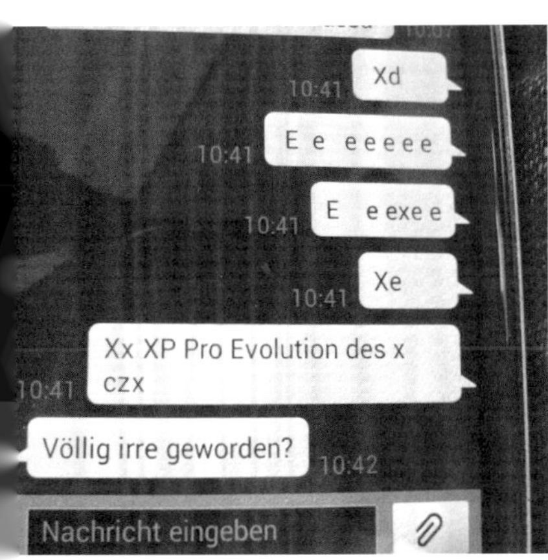

Die Maske fiel schnell.

lige Geist, Rettungstaucher der Feuerwehr, eine späte Einwechslung von Edwini-Bonsu?

Keiner ist seines Glückes Schmied. Wo ein Wille ist, ist doch kein Weg. Den Tapferen fehlt das Glück. So in etwa darf man sich meine Leitsätze vorstellen. Bei jedem Gegentor also sackte ich wie ein unvorsichtig behandelter Hefeteig in mich zusammen.

Minutenlang verharrte ich anschließend in dieser Haltung, den Kopf nach Schildkrötenart halslos zwischen die schützend nach vorne geschobenen Schultern gezogen, die Ohrwaschel eingeklappt, der ganze Körper auf Halbmast. Eine äußerst negative Körpersprache. Hätten die Spieler auf dem Platz das mitbekommen, hätten sie auf der Stelle weinend das Spielfeld verlassen und die Fußballschuhe für immer an den Nagel gehängt. Die Erkenntnis, Geschehnissen, die von mir nicht im Geringsten zu beeinflussen waren, ja letztlich mit mir auch nichts zu tun hatten, ausgeliefert zu sein, überfuhr mich jedes Mal mit voller Wucht, wenn der Ball hinter Franke, Hain, Zimmermann, Stuckmann, Petkovic, Davari, Gikiewicz und wie der treue Torwächter auch immer gerade hieß, im Braunschweiger Netz einschlug, oder nicht selten auch einfach idiotisch langsam über die Torlinie kullerte. Oft musste man glauben, der Ball habe ein Eigenleben und sei nur zu einem einzigen Zweck geboren: den Anhang von Eintracht Braunschweig zu verhöhnen.

Es war ein schleichender Prozess, aber im 21. Jahrhundert holte mich mehr und mehr die Wirklichkeit ein. Sie strich mir mit ihrer schmutzigen Hand über den Kopf und flüsterte: „Nun ist es gut, alter Junge. Es hat doch alles keinen Zweck mehr."

Jedes Mal tat sie das, bei jedem Gegentor. Und wie viele davon habe ich über all die Jahre gesehen. Nicht nur gefühlt, sondern leider auch statistisch belegt, weit mehr als Tore der eigenen Mannschaft. Nur in der Drittklassigkeit wird die negative Torbilanz aufgebessert – ein Pyrrhussieg. Seit einigen Jahren kommt erschwerend eine unheilvolle, übersinnliche Fähigkeit hinzu: Ich scheine ganz offensichtlich in der Lage zu sein, im Stadion, auf dem Bildschirm, ja selbst beim Verfolgen des Livetickers auf dem Smartphone, den Ball allein kraft meiner negativen Erwartung ins eigene Tor zu gucken und zu fühlen. Leider verläuft diese große destruktive Kraft nur als Einbahnstraße. Für Tore und Siege ist nach wie vor die Mannschaft zuständig.

ALLTAG | DEBATTE | KOLUMNEN | MEDIEN | BILDUNG | GESUNDH

Russischer Zirkusclown gestorben

Oleg Popow ist tot

In der Manege verkörperte er die Figur des „Iwanus
Zirkusartist während einer Tournee im Alter von 86

Fetisch in Pornofilmen

Gangbang mit dem Clown

Clown-Pornos sind derzeit beliebt. Das zeigen Zahlen der Porno-Seite Pornhub. Ursache ist angeblich die Berichterstattung über Horrorclowns.

MORITZ CLAUSS

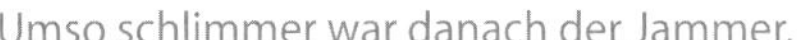

Umso schlimmer war danach der Jammer.

Das war nicht immer so. In sehr jungen Jahren ging ich sogar mit absurd optimistischen Erwartungen an die Spiele heran. Das war eigentlich noch schlimmer, da der anschließende Sturz dann umso tiefer war. Selbst auswärts, was erst recht jeder Vernunft und Erfahrung widersprach, träumte ich vom Sieg. Nicht, dass sich der Optimismus auf mein Leben übertragen hätte, denn dazu scherte mich mein eigenes Los zu wenig. Doch immerhin weckte der torlose Spielstand bei Anpfiff in mir stets eine unerklärliche, von der Empirie nicht genährte Hoffnung. Und die beschränkte sich nicht nur auf das jeweilige Spiel. Selbst im verzweifeltsten Abstiegskampf schob ich noch fünf Spieltage vor Saisonschluss ungewinnbare Punkte auf meinem inneren Rechenschieber herum wie Hitler 1945 seine ausgelöschten Divisionen.

Umso schlimmer war danach der Jammer. Er glich dem redundanten Wehklagen eines Tierbesitzers, dem zum wiederholten Male die geliebte Eintagsfliege eingegangen war. Der schmerzlichen Überraschung eines dummen Kindes, das zum dritten Mal am selben Tag auf die heiße Herdplatte gefasst hat. Der zorngetränkten Verblüffung des Idioten, den im Anschluss an Block-, Platz- oder Feuersturm völlig überraschend Konsequenzen wie Geldstrafe und Stadionverbot ereilen. Eine entscheidende und/oder unglückliche Niederlage vermochte mich in einem Maße auf Tage, ja Wochen hinaus runterzuziehen, wie es normale Menschen nur von Trennungen und Todesfällen kennen. Beispielhaft sei hier nur der letzte Spieltag der Saison 1986/87 genannt. Nach dem allerersten Abstieg in die dritte Spielklasse – das entscheidende Auswärtsspiel am Millerntor ging 0:1 verloren – kamen mir die Tränen. Das behauptete zumindest meine damalige Freundin, die mich auf dem schweren Gang begleiten musste. Aber bei einem Abstieg mit positiver Tordifferenz hätte selbst Chuck Norris geweint.

Apropos geweint. Angesichts tragischer Todesfälle pflegte ich keine Träne zu vergeuden, auch schwere Verletzungen waren mir in der Regel das schnöde Weinwasser nicht wert. Davon tat es schließlich keinen Deut weniger weh. Doch bei Niederlagen schien das Geflenne die einzig logische Reaktion auf dieses schlimmste aller nur möglichen Geschehnisse zu sein.

So habe ich folgende Szene noch klar vor Augen. Es war in den Ferien an der Ostsee. Ich weinte am Frühstückstisch. Meine Großmutter fragte besorgt, was denn los sei. Ich konnte kaum antworten und weinte tatsächlich vor ohnmächtiger Wut. Der Grund: Ich hatte die Morgenzeitung wie immer auf der Sportseite aufgeschlagen und die Eintracht hatte 0:6 in Köln verloren. Ich wusste überhaupt nicht, gegen wen sich mein Zorn, ja mein lodernder Hass überhaupt richten sollte: gegen den Gegner, gegen die eigene Mannschaft, gegen mich selber? Das war neu für mich, ich kannte das gar nicht, denn derart demütigende Resultate war ich noch nicht gewohnt. Ich war direkt in eine goldene Zeit hinein erweckt worden: Wiederaufstieg nach einer Saison, die zum Teil von zweistelligen Siegen begleitet wurde, Qualifikation für den UEFA Cup, Beinahe-Meister. Es schien immer nur bergauf zu gehen.

Doch das Gegenteil war der Fall. Es muss die verkorkste Breitner-Saison 1977/78 gewesen sein, nach der es im Grunde jahrzehntelang, von kleinen Ausschlägen nach oben abgesehen, nur noch bergab ging. Tiefpunkt, dachte man, war dann irgendwann in den frühen 1980er Jahren ein 0:10 bei Borussia Mönchengladbach, aber das war immerhin noch in der 1. Liga. 1. Liga: Was ist das, wie schreibt man das?

Später schaute ich schon gar nicht mehr so richtig hin. Ich hatte auch keine Tränen mehr. Die Wut wich einer tiefen, alles andere überdeckenden Resignation. Klatschen über Klatschen säumten über Jahre unseren gemeinsamen Weg, den der Eintracht und meinen. Abstiege, Debakel, Geschichten des Scheiterns. Ich wurde jugendlich, ich wurde erwachsen, ich wurde alt. Und Mitfiebern hin, kurze Erfolgsmomente her – mir war durchaus klar, dass ich (und zwar am besten noch so lang vor meinem Tod, um wenigstens den letzten Rest meines Lebens ein bisschen genießen zu können) einen Weg finden musste, mir den Mist nicht so sehr zu Herzen zu nehmen. Das waren ja nicht *meine* Misserfolge und ich hatte schließlich auch ein eigenes Leben, dessen Erfolgskurve sich allein schon problematisch genug gestaltete. Ein Typ ab 20, nee, 30, nein, sagen wir ab 40plus, der bei Auswärtsniederlagen ab fünf Toren Unterschied (bei Heimniederlagen: drei) öffentlich in Tränen ausbricht, ist nicht mehr auf eine subtil attraktive Weise uncool, sondern gehört zur eigenen sowie öffentlichen Sicherheit an das von einer dazu qualifizierten Institution bereitgestellte Gitterbett fixiert. Aber ich weinte ja nicht mehr. Stattdessen schlug ich mir mit der flachen Hand solange ins Gesicht, bis ich ermattet einschlief.

Und immer wenn ich dachte, es könne nicht mehr schlimmer werden, dann wurde es das doch. Rolltreppe abwärts, Eintracht Braunschweig in der 3. Liga: Etwas Demütigenderes konnte ich mir damals, beim ersten Sündenfall 1987, gar nicht vorstellen. In wiederkehrenden Alpträumen sah ich lachende Klassenkameraden in rot-weißen Lederhosen, eine graue Landkarte, die zwischen Magdeburg und Hannover nur ein riesiges Sumpfgebiet verzeichnete, und die Skelette von Tull Harder und Herrn Mühl, die wie Zahnräder gut gegeneinander synchronisiert im Grab rotierten. Eine hohle Stimme ächzte Ansagen: „IN KREIENSEN UMSTEIGEN!“ Appetitlosigkeit, Haarausfall und chronische Erektionsschwäche komplettierten das Bild einer sich in ungesundem Maße überidentifizierenden Kanaille. Das sollte leider noch viele Jahre so weitergehen, sowohl, was die sportliche Entwicklung der Eintracht betraf, als auch meinen Umgang damit.

Dabei war das Schicksal sogar gnädig, indem es einige Abstiege derart großzügig gestaltete, dass sie schon mehrere Spieltage vor

Saisonende feststanden. So konnte man sich daran gewöhnen und langsam Abschied nehmen. An der Diagnose gab es nichts zu deuteln, der Kranke lag schwer atmend im Keller der Tabelle. Zur Beerdigung war die Hütte oft noch einmal ausverkauft. Noch mehr Tage wie jener damals auf St. Pauli, und ich hätte mich in meinem ungebremsten Fanatismus wohl entleibt.

An der Ostsee war die Großmutter erleichtert. Sie hatte schon befürchtet, mir wäre etwas Schlimmes zugestoßen. Dabei war doch gar nichts vorgefallen. Braunschweig hatte nur ein Fußballspiel verloren. Meine Güte, ein Spiel! Ein bisschen beschämend vielleicht, dass ein deutscher Junge deshalb weinte. Immerhin war er vor fünf Tagen schon zwölf geworden. Dieses merkwürdige 20. Jahrhundert. Aber vielleicht wäre es ja auch besser, wenn die Männer zukünftiger Generationen etwas weniger hart würden als die der vergangenen. Es hätte ja durchaus im Bereich des Möglichen liegen können, dass dieser scheußliche Krieg, der auch ihren ersten Mann getötet hatte, irgendwas mit jener Härte zu tun gehabt hatte.

Wohl ein wenig verunsichert, lachte sie mich milde aus. Ich schäumte: „Nichts vorgefallen! NICHTS vorgefallen? NICHTS VORGEFALLEN??" Wollte die Alte mich verarschen? Es war eine Katastrophe! Ich fühlte mich unglaublich gedemütigt. Null zu sechs! All meine Lebenskraft schien versickert, so als hätte ich mir die Pulsadern aufgeschnitten. Ein sonniger Ferienmorgen war mit einem Mal schwärzer geworden als die schwärzeste Nacht. Im Vergleich zu diesem Reich der Finsternis wirkte Mordor wie Disneyland. Ich weinte noch lauter und wütender. Großmutti zog sich zurück.

Doch für mich war das nur der Anfang. Der Fanatismus bekam hie und da einen neuen, altersgemäßen Anstrich verpasst. Dennoch wurde er im Verlauf der kommenden 20 oder 30 Jahre zunächst einmal immer schlimmer. Ich schlurfte mit Augenringen wie Wagenräder durch die Gegend, die Zähne bis zum Zahnfleisch heruntergeknirscht wie die Geschicke der Eintracht. Auf der Straße trat ich nach den Tauben, vor den Hunden lief ich weg. Ohne Alkohol war, mit Ausnahme des Sekundenschlummers am Steuer meines Taxis, an Schlaf nicht mehr zu denken. Die tiefe Agonie, die mich lähmte, mich aber an symbolischen Wegmarken wie der Niederlage bei Wolfsburg II (18.000 Zuschauer, davon 16.000 aus Braunschweig) trotzdem stets von Neuem durchschüttelte, hatte nicht das Geringste mit einer konstruktiven Verarbeitung meines Eintrachtwahns zu tun. Wer behauptet, man könne sich an jedes Leid gewöhnen, irrt und kennt zumindest die Eintracht nicht. Auch die Umstellung auf negative Erwartungen vermochte mich nicht zu schützen. Vermutlich glaubte ich insgeheim nicht wirklich daran.

So sammelte ich Jahr um Jahr, Saison für Saison, Woche für Woche Gegentreffer wie ein Hase Schrotkugeln bei der Treibjagd. Und jede einzelne tat weh und brachte mich einem grausamen Ende näher. Ich aber wollte leben. Es musste unbedingt etwas passieren.

Rückzug

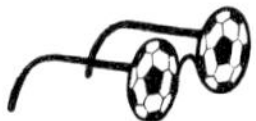

Und es passierte etwas. So banal die Binsenformel „Get a life!" auch klingt – sie ist noch immer *das* Patentrezept zur Befreiung von lebensfernen Daseinskrücken. Sich auf die relevanten Dinge des Lebens zu besinnen, hilft, die Bedeutung einer, noch dazu passiven, sportlichen Niederlage besser einzuordnen. Selbst ein Origami-Nashorn zu falten ist eine sinnvollere Beschäftigung, als sich allzu lang wegen einer Nichtigkeit zu grämen. Da kann das verwendete Papier ruhig auch blau und gelb sein, als neckische Reminiszenz an den überstandenen Irrsinn. Bleibende Mahnung auch wider die eigene Anfälligkeit für jede Form von Verblendung sowie als leuchtend buntes Signal zum Aufbruch in eine bessere und erfülltere Zeit.

Gut, das hätten wir dir auch gleich sagen können, mag nun mancher Naseweis einwenden: Adoptiere ein Huhn, bastle eine Schlachtschiff-Armada aus Holzwäscheklammern, gib den Bettlern, segne das Brot, ehre das Weib und gründe ein Seuchenhaus. Anstatt immer nur der Eintracht zu frönen, die es dir nicht dankt. Die es strenggenommen gar nicht gibt, wenn du sie nicht mit „Leben" füllst. Doch das ist in den Wind gesprochen, solange der Anstoß fehlt. So wie der Goldene Schuss des besten Kameraden den Süchtigen im günstigsten Fall zur Besinnung bringt, benötigte ich schon einen heftigen Weckruf.

Da kamen mir die Entwicklungen im großen Fußball zu Hilfe. Die FIFA. Die UEFA. Der DFB. Die DFL. Das Fernsehen. Eine Rosskur wie der Brechdurchfall, der unerwartet beim Abnehmen hilft, unerwünscht und letztlich doch hilfreich. Der schlechte Dienst, den die Funktionärsoligarchen dem Fußball erweisen, stellt sich als guter für mich heraus.

Für mich. Denn darum geht es hier. Um mich, mich und nochmals um mich. Um wen auch sonst? Allen Autoren geht es stets um ihre eigene Person, so sehr sie auch versuchen, diese zweifelhafte Charaktereigenschaft hinter vorgeblicher Fiktion zu verbergen. In meinem Fall ist Eintracht Braunschweig bloß ein Vehikel für die Übermittlung meiner neurotischen Befindlichkeiten an eine staunende Öffentlichkeit. Allerdings geht es jedem Fan letztlich nur um sich und nicht um den Verein. Der ist in der Regel ohnehin meist eine GmbH, das Abschreibungs- oder Geldwäscheprojekt eines

Investors oder das Steckenpferd eines Milliardärs, in dessen krausem Köpfchen sich Romantik, Allmachtsphantasien und absolute Ahnungslosigkeit vom Fußballgeschäft vereinen. Wenn ich einmal mehr solchen Schwachsinn im Fanforum lese: „Ich will doch nur das Beste für den Verein", kollabiere ich vor Kummer und Verzweiflung. Denn jeder, ob trauriges Würstchen oder Capo, Ultra oder Kutte, ja, auch der Junker mit seinem Entenleberparfait im VIP-Zelt, will einfach nur das Beste für sich selbst. In unzähligen individuellen Facetten projiziert er in den Verein genau das hinein, was er sehen will, um sich dann darin zu spiegeln. Ohne jeden einzelnen von uns wäre der Verein eine tote Hülle. Jeder Verein.

Aus dieser Gemengelage retteten mich zunehmend die Lügner und die Verbrecher, die Bestecher und die Bestechlichen. Rassisten und Sexisten hatte ich langmütig in Kauf genommen – arme Schweine wie ich, nur auf der anderen Seite. Nun aber wussten die bigotten Schreibtischtäter ein heilsames Purgatorium zu entfachen, aus dem ich (fast) rundum geläutert hervorgehen sollte.

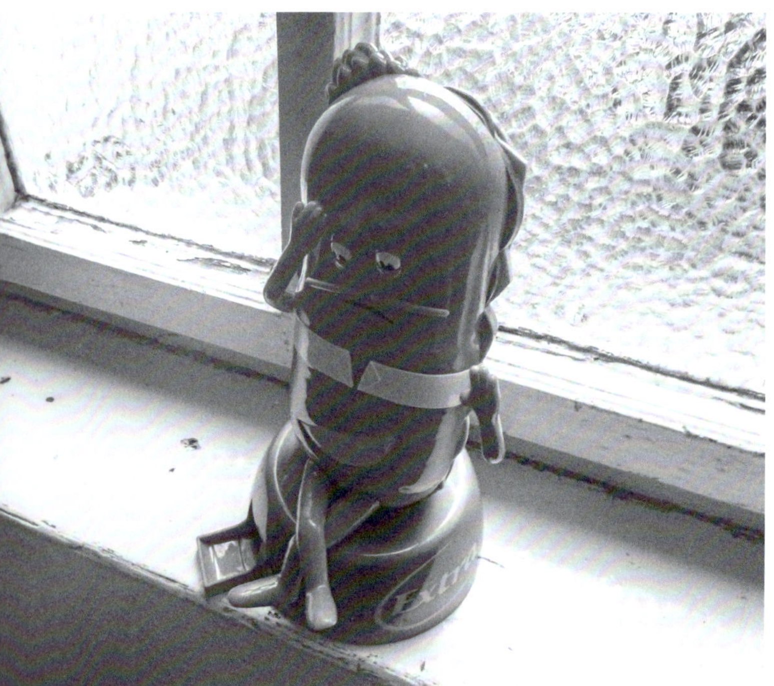

Trauriges Würstchen: will einfach nur das Beste für sich selbst.

Der Weltfußball liegt auf der Intensivstation. Es ist noch nicht ganz so schlimm wie das Erdklima, also erst vier nach zwölf, und auch längst nicht so wichtig. Außer dem Fußballsport wird keiner sterben (bloß die Arbeiter in Russland und Katar, gell, vielleicht, mei, schaumermal) und alle schon mal gar nicht. Das ist der Unterschied.

Schon vor Jahrzehnten hat sich die FIFA in ihrer maßlosen Hybris außerhalb jeder irdischen Gerichtsbarkeit begeben. Der Weltfußballverband schuf sich ein geschlossenes System, das nur deshalb funktioniert, weil er die Fußballsüchtigen dieser Welt hinter sich weiß, und weil er exklusiv den Stoff verdealt, ohne den die Junkies offenbar nicht leben können. Betrug und Korruption untersucht er selber und entlässt die Chefermittler, sobald deren Arbeit Früchte zu tragen droht und sie obendrein die Rolle des neuen Präsidenten Gianni Infantino hinterfragen. Im Übrigen klingt die Bezeichnung „Ethikkommission“ für ein Tool, das einer kriminellen Vereinigung das Handwerk legen soll, nach einer Märchenwelt, in der sich Einhörner mit langen Wimpern vom bunten Sternenregen ernähren. Es ist eine absolute Farce.

Setzte man vergleichbare Maßstäbe an (Terror, Drogenkrieg, Warlords), müsste man im Grunde Blauhelme nach Zürich schicken, um den „gemeinnützigen Verein“ (die Rechtsform ist ein Euphemismus wie die „ehrenwerte Gesellschaft“ der Mafia) hochgehen zu lassen. Das allerletzte Mittel, es hilft ja nichts. Denn Justiz und Polizei verweigern ihren Dienst, außer in den USA. Die Blauhelme würden das Gebäude umstellen, alle verhaften und einer ordentlichen Gerichtsbarkeit zuführen. Anschließend würden sie das Gebäude schleifen, bis kein Stein mehr auf dem anderen steht, denn jede noch so unverdächtige Neuwidmung eines Hauses, das von dem Ludergeruch der Gier und der grenzenlosen Anmaßung derart durchdrungen ist, wäre angesichts dieser Vorbelastung von vornherein zum Scheitern verurteilt.

Die Trümmer und das umgebende Areal würden daraufhin mit einer Kuppel aus Glas und Beton versiegelt. Obenauf schichten Gärtner in Schutzanzügen Humus und pflanzen einen Garten aus Trauerweiden und schwarzen Rosen. Dieser „Park der Mahnung“ darf von keinem Menschen jemals mehr betreten werden. Die Buchstaben F, I und A sollen us dem ltenschen lphbet getlgt und de sch drus ergebenden Leerstellen ncht mehr neu besetzt werden.

Das alles hat Konsequenzen – auch für mich persönlich. Ich gehe nicht so weit, mir zu wünschen, dass ich die WM in Katar 2022 nicht mehr erleben werde. Nix da, dann wäre ich ja tot. Ich will einfach nur nichts damit zu tun haben. Ich, in meiner Eigenschaft als Fußballknecht von Kindheit an, ob aktiv oder passiv, ob Champions League, Regionalliga oder ein Kick auf jedem x-beliebigen Sportplatz, an dem ich auf meinem Spaziergang nicht vorbeigehen kann, ohne wenigstens zehn Minuten zuzugucken, ich also wünsche mir die Stärke, die WM 2022 komplett zu ignorieren. Ich will kein einziges Spiel sehen und kein Ergebnis nachlesen. Was der kleine Hanswurst Hannemann macht, kratzt zwar auf den ersten Blick kein Schwein. Aber ich zöge mich mit meiner Entscheidung ja nicht ins stille Kämmerlein zurück. Die eine oder andere öffentliche Erklärung wird es von mir dazu schon geben, das schwöre ich. Wir könnten Millionen werden, hunderte von Millionen gar. Auf diese Weise kann der Fußball auch ganz schnell zum Auslöser und Symbol für weitaus wichtigere Veränderungen werden. Ein Fanal zum Widerstand. Eigentlich müsste ich schon 2018 (WM in Russland) mit dem Entzug beginnen. Aber die eine rauche ich noch, um hier den Vergleich mit einem anderen überflüssigen Laster zu bemühen.

Natürlich steckt auch der DFB tief mit drin. Franz Beckenbauer, der den auf den WM-Baustellen in Katar geschundenen Arbeitern von oben herab noch auf die nicht vorhandenen Büßerkappen spuckte. Nur ein gnädiges Schicksal fügte es, dass viele Betroffene davon nichts mitbekamen, da sie bereits jämmerlich verreckt waren. Der ehemalige DFB-Präsident Wolfgang Niersbach mit seiner Mauertaktik. Dessen Nachfolger Reinhard Grindel wiederum betont im Deutschlandfunk, Infantino habe bei der Entfernung der unliebsamen Schnüffler „das Schweizer Vereinsrecht beachtet". Wenn das das Schweizer Vereinsrecht ist, möchte man dem nordkoreanischen Vereinsrecht nicht im Dunkeln begegnen.

Und wenn die Weltstars Idole sein sollen, kann man genauso gut die Santa Muerte anbeten, die mexikanische Schutzheilige der Verbrecher und Diebe: Denn gerade die größten Spieler haben offenbar die kompletteste Vollmeise. Messi, Ronaldo und Co. – allesamt gierige Rotzlöffel, die den Hals nicht voll kriegen können. Das Jahr 2017 ist ein weiterer Tiefpunkt auf der nicht enden wollenden Talfahrt eines originären Sportsgeistes: „Der Profifußball hat sich in diesem Sommer von ethischen Werten und zivilgesellschaftlichen Errungenschaften endgültig und umfassend gelöst", schreibt Holger Gertz in der *Süddeutschen Zeitung* (5.8.2017). „Es ist der Endpunkt einer Entwicklung, die in den Nullerjahren angefangen hat."

„Endpunkt" klingt in diesem Zusammenhang noch optimistisch. Denn weiterhin wird auch im deutschen Profifußball munter nach dem Motto „diese Zitrone hat noch Saft" verfahren. Und so wird der Grat zwischen dem weiteren Ausquetschen der Zuschauer sprich Endverbraucher und dem endgültigen Überspannen des Bogens auch 2017/18 nochmals ein Stückchen schmaler.

Werfen wir an dieser Stelle einen kleinen Blick in die Kristallkugel – und zwar auf den Ausschnitt mit dem Fernsehprogramm: Ab 2020 wird KIKA Plus jeweils am dritten Dienstag- und Donnerstagmorgen des Monats für ein Jahresabo von 39,90 Euro die zu diesem Zweck eigens vom Rest der Partien separierten Schlussviertelstunden der 3. Liga zeigen. RTL 9 wiederum sendet in der Nacht zu Freitag eine Zweitligabegegnung, aber nur sofern der Termin auf den Vollmond fällt. Sport1 zeigt zukünftig an jedem 29. Februar ein Bezirksliga-Match aus dem Saarland – die letzte verbliebene Möglichkeit, im frei empfänglichen TV Fußball zu sehen. In der Sportschau der ARD läuft ab 2021 rhythmische Sportgymnastik (nichts gegen diesen Sport: Einige meiner besten Freunde sind rhythmische Sportgymnasten!) und Phoenix bringt wie gewohnt Tier-Dokus sowie Wissenswertes über Karl den Großen, Hitler und Jacques Cousteau, doch das hier jetzt nur der Vollständigkeit halber. Für den Bezahlsender Sky, der die vertragswidrige Verringerung des eigenen Angebots mit weiteren Preiserhöhungen für Kneipenlizenzen kontert, gilt dasselbe wie für zukünftige Weltmeisterschaften: einfach kündigen. Nicht mehr bezahlen. Nicht mehr gucken. Niemand. Bye-bye Sky.

Bleiben wir bei der Raucher-Analogie. Zunächst spürte ich noch ein leises Ziehen, einen unbestimmten Schmacht. Es fühlte sich ein wenig fremd an, nicht mehr jede zweite freie Minute mit Fußball zuzukleistern. Hattrick am Freitagabend, Hattrick am Sonntagabend, die Liveübertragung am Montagabend – alles Vergangenheit. Wie kleine Vulkane poppen nun neue Zeitinseln aus einem eintönigen Ozean des Fußballüberkonsums. Schnell habe ich die Vorteile zu schätzen gelernt, über ein Mehr an konstruktiver Lebenszeit zu verfügen. Keine Zweitligasendung mehr auf Sport1, immer weniger Spiele in den öffentlich rechtlichen, immer mehr Lokale verzichten auf das nicht mehr refinanzierbare Sky-Abo. Auf die Brosamen des Free TV, sprich den inferioren Abfall der Samstagsspiele in der Sportschau oder Qarabag gegen Quäbälä auf Eurosport verzichte ich jetzt schon freiwillig. Die Kuh ist zu Tode gemolken. Das Spiel ist aus. Danke DFL – du hast mir mein Leben zurückgeschenkt!

Nun kann ich mich mehr um mich und meine Familie kümmern. Könnte mich kümmern, denn ich habe keine Familie. Ich habe auch keine Freunde. Ich hatte ja immer nur Fußball geguckt und dabei andere Bereiche komplett vernachlässigt. Das rächt sich jetzt. Doch nur wenig ist irreparabel: Nun könnte ich zum Beispiel, anstatt den Donnerstagabend mit Euro League-Übertragungen aus Augsburg oder Transsilvanien zu verbringen, eine Tanz- und Begegnungsgaststätte aufsuchen und dort ganz normale Menschen kennenlernen.

Oder ich gehe einfach in den Park. Da war ich lange nicht mehr. Ging ja nicht, kam ja immer Fußball. Im Park ist es schön. 17,3 Grad bei nur leicht bewölktem Himmel. Auf einer Bank am Teich sehe ich den Enten beim Schnattern zu. Ja, die haben Spaß. Die wissen, wie man lebt. Und dank des Verhandlungsgeschicks der DFL weiß ich es langsam auch wieder.

Als für den Abschied vom Fußballwahn wohl wichtigsten symbolischen Akt entsorgte ich zunächst meine rosarote Brille. Jahrelang hatte sie mir treue Dienste in der Verkennung sportlicher Fakten geleistet. Ob im Groben, wie bei der Frage, wann denn Eintracht endlich mal die Champions League gewinnt, oder im Detail, wenn der Linienrichter sich bei einem Einwurf zuungunsten meiner Mannschaft verguckt. Angeblich. Jahrelang schenkte mir die rosarote Brille einen gnädig verschleierten Blick auf Dinge, die ich besser hätte erkennen müssen.

Denn eigentlich verstehe ich doch was vom Fußball. Ich spiele selbst, seit ich ein Kind bin. Ebenfalls seit meiner Kindheit verfolge ich Spiele – im Fernsehen, im Stadion, auf dem Sportplatz. Ich analysiere das Geschehen auf dem Rasen kaum schlechter als ein Fernsehexperte. Nur im Fall von Eintracht Braunschweig war ich zu einem klaren Blick nie in der Lage.

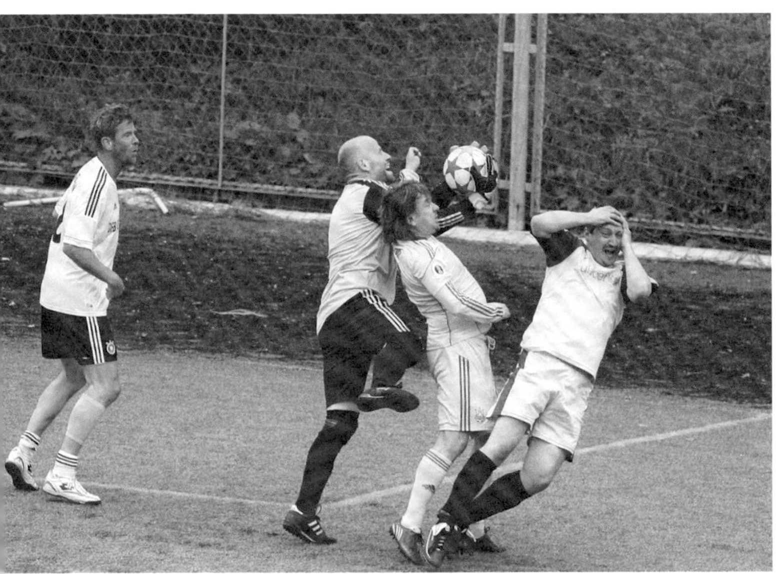

Ich spiele selbst, seit ich ein Kind bin.

Mit dem Durchblick kam die Erkenntnis: Ich konnte nicht einfach weiter so tun, als verstünde ich immer, wenn Braunschweig spielt, plötzlich nichts mehr vom Fußball. Ich sehe doch, ob eine Niederlage verdient ist. Wer war diese Stimme in mir, die bei jeder noch so unpassenden Gelegenheit wider besseres Wissen „Hand", „Elfmeter" oder „Schieber" schrie. Der Exorzismus durch die Weltkirche des Fußballs hat diesen unflätigen Dämon endlich zum Schweigen gebracht. Dadurch, dass ich ihn auch noch seiner rosaroten Spezialsehhilfe beraubte, nahm ich ihm obendrein die Sicht.

Stattdessen breitete sich die Wahrheit aus. Früher konnte ich wie jeder Fan schwören, dass der Club meines Herzens das notorische Opfer einer Verschwörung von DFB, DFL, DHL und BND war, mit den Schiedsrichtern als deren ausführenden Organen. Laut beklagte ich das vermeintliche Unrecht. Ich war blind für jegliche Objektivität. Beschimpfte gar den braven Schwarzkittel mit Worten, die mich das Mütterlein nicht lehrte.

Dabei machen Unparteiische auf diesem Niveau tatsächlich relativ wenige Fehler. Und natürlich ist es bloß ein dummer Zufall, wenn in eine dieser Ausnahmen die Betriebsmannschaft eines

Autoherstellers verwickelt zu sein scheint, der schon mit seinen Abgasmessungen so abscheulich viel Pech gehabt hatte. Doch die häufigste Wahrheit, auch wenn sie der Fan nicht gern hört, ist diese: Höchstwahrscheinlich hat einer unserer Abwehrspieler in seiner immanenten Überforderung mal wieder im eigenen Strafraum ein Foulspiel begangen. Seit ich meine rosarote Brille an einen Energieriesen verschenkt habe, sehe ich das endlich auch so.

Viele Fußballfans reagieren wie – als aktuelles role model groß in Mode – der populistische Politiker postmodernen Zuschnitts: Wie bei Säuglingen endet der Horizont der eigenen Weltsicht an den Außengrenzen der eigenen Person (hier identisch mit denen des eigenen Vereins), was sofortige und unbedingte Trieberfüllung erfordert: Das war doch ein klarer Elfer für uns!

Verzeihlich vielleicht im Fußball, doch in der Weltpolitik eine Katastrophe. Während sogar unsereiner über die Einsicht verfügt, besser kein Flugzeug steuern, keine Brücke bauen und keinen Staat lenken zu wollen, entscheiden greinende Riesenbabys in Maßanzügen über unser aller Zukunft. Ihre Sandschäufelchen sind Armeen. Ihr trotziges Gebrüll ist Gesetz und gilt der Unterdrückung von Milliarden. Das Eis, nach dem sie plärren, ist die absolute Macht.

Und selbst wenn man den Sonderfall pathologisch gestörter Machthaber außen vor lässt, bleibt auch angesichts „normaler" Politik die Fassungslosigkeit darüber, welcher Zinnober noch im 21. Jahrhundert als „Formalität" durchrutscht. Wir brauchen uns nur die Fernsehbilder reinzuziehen, wie der frisch ernannte französische Präsident am Nationalfeiertag Hof in Versailles hält. Er schreitet durch eine Halle, ein langes Spalier von Idioten mit albernen Helmchen entlang, die angezogen sind wie Landsknechte anno verstaubt. Es ist schier unglaublich. Erwachsene Männer ziehen sich antiquierte Kasperuniformen an, tragen Säbel, stehen stramm. Andere erwachsene Männer defilieren an ihnen vorüber. Und alle finden sich offenbar noch toll bei dieser speziell das männliche Geschlecht und dessen Intelligenz seit Jahrtausenden systematisch beleidigenden Farce. Die Fremdscham ist zuweilen so groß, dass man sich ritzen möchte, nur um sich von der Seelenpein abzulenken.

Es geht hier ja nicht darum, der totalen Freudlosigkeit das Wort zur reden. Ob im Karneval, beim Junggesellenabschied, am CSD oder beim Strip auf dem Tresen der Stammkneipe – natürlich sollte sich privat jeder nach Belieben produzieren dürfen, egal ob originell, geschmackvoll, ironisch oder nicht. Aber hier handelt es sich nicht um eine Roleplay Convention, sondern um einen *Staatsakt*, das muss man sich mal auf der Zunge zergehen lassen, die meinen das ernst! Beim Staatsbesuch stehen dressierte Sklaven in Fantasiefummeln aufrecht und stramm, die Köpfe ruckartig alternierend nach links, nach rechts und geradeaus gewandt, wie die Erdmännchen, bloß dass letztere das ohne Kommando tun und somit einen weit selbstbestimmteren Eindruck machen. Und wie wichtig sie dabei gucken! Gerade so, als wären sie in diesem Moment nicht zu Schaufensterpuppen fremder Macht und eigener Blödheit degradiert. Und keiner muss lachen.

Dagegen ist Ost-Peine gegen West-Peine die Kritik der reinen Vernunft. Und dennoch – hier kommt jetzt endlich, ächz, der Brückenschlag hin zum Sujet – finde ich die Parallelen frappierend. Banner, Farben, Uniformen, Hymnen, Rituale. Genau das, was ich als Achtjähriger so megageil fand, so berauschend, dass ich es mir ins leere Eintracht-Stadion hineinimaginiert hatte: Die Trommeln, die Fahnen, die schreienden Männer. Ich fühlte mich angekommen: kleiner Mann, ganz groß. Auch hinter der Fußballfolklore steckt für zu viele zu oft ein zu großer und heiliger Ernst. Wir sind aber nicht mehr acht Jahre alt, zumindest die meisten nicht. Während die Situation um uns herum tatsächlich ernst ist, wird das Brimborium um ein Turnspiel mit gigantischer Bedeutung überfrachtet. Was für eine Verschwendung an menschlichem Potenzial!

Die rosarote Brille war also weg, die Sicht wieder klar. Als nächstes war „Es" dran, wie ich Es nur noch nannte: Es war das absolute Kernstück und Heiligtum meiner Sammlung.

Über Jahre hinweg hatte ich Es mir nahezu täglich reingezogen: eine uralte, ausgeleierte Videokassette (zur Erklärung für die Jüngeren: eine Art halbmechanische Hardware, die von einem analogen Endgerät namens „Videorekorder" abgespielt wurde) mit dem Aufstiegsspiel 1981 gegen den Süd-Zweiten Kickers Offenbach. Anstatt zu leben, zu lieben, zu lernen und zu arbeiten, hatte ich meine Tage dazu genutzt, die Aufnahme so oft anzusehen, dass man das Bild irgendwann nur noch schemenhaft erahnen konnte. Aber das machte nichts – ich kannte ja jede Szene auswendig: kurz nach der Pause der Doppelschlag durch die Tore von Grobe und Worm, beide in der 48. Minute, auch eine heilige Zahl seitdem; der

Platzverweis von Kindermann, das Mauern, das Zittern, der Jubel. Ich selbst jubelte jedes Mal mit, nach dem Abpfiff weinte ich vor Rührung und Stolz. Eines Tages aber löste sich das mürbe Band endgültig in seine Bestandteile auf. Ich begrub die Reste im Garten meiner Eltern zwischen den beiden toten Katzen. Und trauerte. Bis auf einen vergilbten Ausschnitt aus dem kicker waren sämtliche Spuren des Triumphs ein für alle Mal getilgt. Selbst auf YouTube wurde ich nicht fündig.

Doch nachdem Es nun schon mal weg war, brachen alle Dämme. Ich schmiss den ganzen alten Eintracht-Kram weg. Und zwar auf einmal. So wie ein Kriegsverbrecher, der dann doch noch mal gründlich nachgedacht hat, und danach sein Eisernes Kreuz in die Tonne tritt.

Es überkam mich wie eine Epiphanie, wie man sie auch gern im Anschluss an eine unglückliche Liebe erlebt. Abstand. Eine Weile lang keine Bilder, keine Briefe, keine Erinnerungen. Triggervermeidung. Erst recht kein Treffen. Endlich dann Dankbarkeit für ein Schicksal, das man noch eben für hart gehalten hatte, und das einen doch nur vor einem schlimmeren Verhängnis bewahrt hat.

Ich schmiss wirklich alles weg. Auch den Brief des freundlichen Michael Geiger, in dem er mich einst zur Gründung meines nach wie vor nicht namentlich genannten Fanclubs beglückwünscht hatte. Im Hausmüll beerdigte ich die alte Kutte mit den selbst hineingebohrten Nieten, auf die ich mit Edding den Namen eben jenes Einmannfanclubs geschrieben hatte. Natürlich in Frakturbuchstaben – die standen ganz hinten in meinem uralten Duden drin, daraus hatte ich sie abgemalt. Ich warf alte Zeitungsausschnitte weg, Zeugnisse weniger großer Triumphe, die wie Rosinen vereinzelt in der faden Teigmasse des kollektiven Versagens auftauchten. Ich überließ Aufnäher und Aufkleber dem Hausmüll, das Autogramm Paul Breitners (für mich bis heute indirekt ein Hauptschuldiger des Niedergangs) der Papiertonne. Die bekam gleich noch mehr Futter: Ob Aufstiegskracher oder Oberligagraupe, ich warf Generationen von Programmheften weg, von denen mir vor allem noch die grüne A5-Version von „Eintracht aktuell“ in Erinnerung geblieben ist. Alles musste raus – ich hätte eher meinen Schnuller behalten als diese debilen Devotionalien. Ich fand auch ein paar alte Butterbrote, die ich bei der Gelegenheit ebenfalls vernichtete. Was blieb, ist der eine Schal, den die Mäkelmotten ums Verrecken nicht haben wollen.

Katharsis

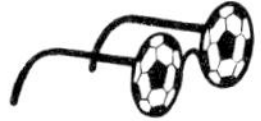

„Aber wir wollen ja nicht klagen, der Glühwein war heiß und die Bratwurst schwarz wie immer. Also freuen wir uns auf die tolle Rückrunde. Es werden noch spannende Zeiten."
(User „wir haun die Dinger rein" im Fanforum)

Es fühlte sich herrlich an, befreiend. Ich war ein neuer Mensch.

Nun wird an dieser Stelle sicher irgendein so ein Sherlock Holmes für Anfänger in bester „Herr-Lehrer-ich-weiß-was"-Manier mit den Fingern schnipsen: Woher denn dann bitte die Bildmotive in dem vorliegenden Epos stammen – die Fotos von den ganzen Eintracht-Shirts zum Beispiel?

Die, mein gutester Sherlock, habe ich mir von richtigen Fans geliehen.

Quatsch. Ein paar Devotionalien haben sich in irgendwelchen Ritzen versteckt und somit über die Säuberungen gerettet. Und andere habe ich geschenkt bekommen oder sie mir bei Gelegenheit eben nachgekauft. Na und? Ist das etwa verboten? Überhaupt sollte man bei mir besser nicht jedes Wort auf die Goldwaage legen.

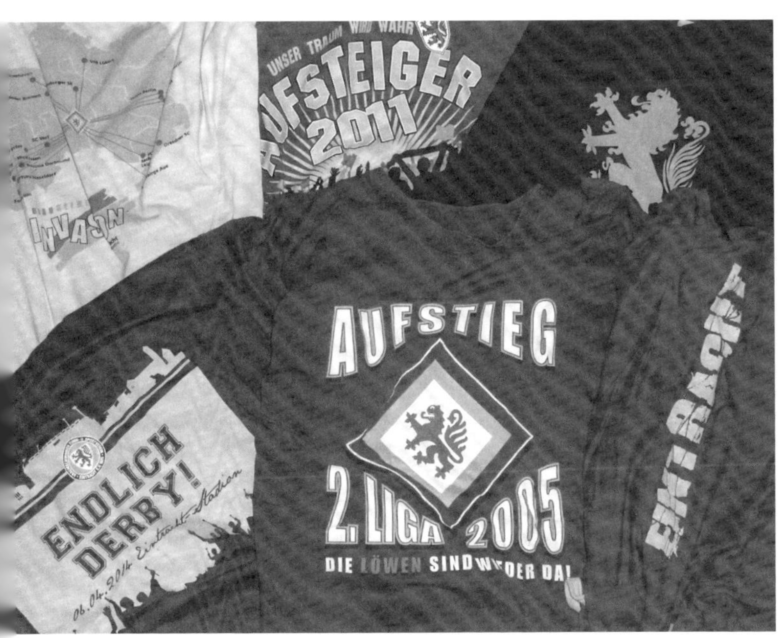

Die habe ich mir von richtigen Fans geliehen.

Der Clou des rigorosen Exorzismus durch Blatter, Beckenbauer und Co. liegt darin, dass ich verhindern konnte, dass mir zusammen mit dem großen Fußball auch kollateral die Eintracht ausgetrieben wurde. Der zunehmende Verzicht auf Champions League und Nationalmannschaft ist in der Tat nicht gleichbedeutend mit meinem kompletten Rückzug. Ich habe nur meine Beziehung zur Eintracht auf ein weniger pathologisches Niveau gesenkt. Ich bin ja nicht bescheuert. Ich muss doch wissen, wie die spielen.

Es mag zunächst unlogisch klingen. Denn auf den ersten Blick ist die Eintracht auch nur ein inferiorer Bestandteil jener globalen Fresskette, an deren Spitze die mit ihren Fernseheinnahmen (England) oder Wahnvorstellungen (China) alles erdrückenden Raubtierkapitalisten stehen. Auch in Braunschweig werden die Spieler nicht mit Murmeln bezahlt, und die blinde Gier der Erstligisten nach jungem Blut ist wiederum das Elixier, das die kleine Eintracht-Laus nährt, wenn sie mit feinem Geschick unreife Talente zu guten Preisen verkauft. Auch hier heißen die Hauptsponsoren SEAT oder Volkswagenbank und nicht „Brot für die Welt" oder „Lichtblick". Auch die Spiele der Eintracht werden gegen Gebühr auf immer neuen Bezahlsendern zu immer verrückteren Anstoßzeiten gezeigt.

Aber die Eintracht macht mir eben Spaß. Im Rahmen der geschilderten Zwänge und Entwicklungen wird dort seit Jahren gezeigt, dass man sich auch da noch schlau bewegen kann, wo es kaum mehr Spielraum, Leben und Phantasie zu geben scheint. Es ist wie ein hochkomplexes Managerspiel, das zahllose komplizierte Handicaps mit einbaut und dadurch viel spannender ist als die FIFA- oder auch nur Bundesligaversion. Dem kleinen Trainer und dem kleinen Manager gelingt es zwar nicht, die Zeit zurückzuholen, in der wackere Kicker mit Zipfelmützen auf dem Kopf singend zum Sportplatz zogen, um dort zunächst einmal die zentnerschweren Tore im Schlamm zu versenken, bevor eine kurze Fürbitte zum Wohle des Kaisers die Seitenwahl einleitete: In der ersten Hälfte bergauf oder bergab? Doch immerhin arbeiten sie mit Geduld, Phantasie und bescheidenen Mitteln an der Etablierung eines Underdogs (in diesem Fall besser: Re-Etablierung). Das hat sich herumgesprochen: Selbst manche St. Pauli-Freunde zollen dem Respekt und finden uns plötzlich „irgendwie gut". Und das kann was heißen, denn pauschalisierende Etiketten wie „Nazi-Club" (s.o.) stammen ja nicht von mir. Ich habe sie nur hie und da aufgelesen.

Es ist also nicht bloß der Neuordnung meiner Prioritäten zu verdanken, dass ich in Bezug auf die Eintracht schon seit Jahren nicht mehr so entspannt war. Gern erinnere ich mich daran, wie lässig wir während der chancenlosen Erstligasaison 2013/14, in der nichts zu verlieren und so viel zu gewinnen war, durch ein Meer von Niederlagen surften. Was für ein unendlicher Spaß.

Kein Wunder, dass meine größte Sorge ist, das überraschende Zwischenhoch könnte in Verbindung mit der leidigen Tradition zu viele Erwartungen und zu große Ungeduld schüren. Und dass es irgendeinen Knall gibt und Verantwortliche entnervt das Handtuch schmeißen, so dass die guten Jahre schon bei Drucklegung des Buchs wieder passé sind.

Ich habe Angst, alles könnte auf einmal wieder an nur einer einzigen, besonders dummen Niederlage in einem besonders dummen Moment hängen. Wegen der Ergebniskrise zur Zeit dieser Niederschrift – mehr als eine solche ist es für mich nicht. Aber ich spüre den Unmut. Das Volk murrt. Da wird bei jedem Fehlpass geschrien, geweint und der Kopf des Trainers gefordert. Ich sehe Ansprüche, die nichts mit der Eintracht und ihren Möglichkeiten zu tun haben. Das ist nun mal 2. Liga, ebenso wie das, was wir auf dem Rasen sehen, sowohl von uns als auch vom Gegner. Vor ein paar Jahren stand man noch am Abgrund zur Regionalliga. Warum wird das jetzt schon wieder ständig vergessen, die Meisterschaft aber nicht?

Ja, ich bin noch immer irgendwie dabei. Und zwar überall. Ich weiß, in welcher Zehn-Dollar-Butze auf der indonesischen Insel Flores ich unter einem Moskitonetz lag, als eine SMS mir von Ken Reichels erstem Tor in der 3. Liga kündete. Jetzt schießt *der* schon Tore, dachte ich, dachte man damals, der Aufstieg ist wirklich geritzt. Und so war es auch. Mit Einzug modernerer Technik sogar bei mir wurde der kostenpflichtige SMS-Dienst von der Eintracht-App auf dem Smartphone abgelöst. Wenn ich Freitagabend im Kino ganz zufällig vergesse, das Phone abzustellen, jodelt das Tor-Jingle obszön durch den Kinosaal. Ohne mit der Wimper zu zucken, zahle ich auch den Roaming-Wucher, wenn die Eintracht spielt, während ich mich im Ausland aufhalte.

In solchen Momenten ist es, als hätte sich doch nichts geändert. Als wäre ich nicht ruhiger und klüger geworden seit jener Zeit, da mich die Nachricht von der nicht mehr erwarteten Rettung vor der Viertklassigkeit 2008 über eine hängebrückenähnliche Informationskette verschiedenster Helfergruppen in einem Fernzug erreichte. In dieser Hinsicht bin ich ohnehin äußerst findig. Die finstersten Kanäle, die abwegigsten Kommunikationswege – nichts ist mir fremd. Zur Not frage ich sogar die Leute. Über die Szene in „Das Wunder von Bern", in der sich die Jungs ein Auswärtsresultat von RW Essen per Brieftaube schicken lassen, kann ich nur lachen. Wie simpel und einfallslos. Wenn ich keinerlei Technik zur Verfügung habe, ereilen mich die Ergebnisse sogar per Telepathie. Die Trefferquote ist nahe 90 Prozent, zumindest bei Niederlagen.

Und doch ist es anders als früher. Denn man lernt ja dazu. Ich bin tatsächlich ein neuer Mensch geworden. Der Exorzismus hat gewirkt. Ohne Offenbach-Video und rosarote Brille ist meine Haltung zur Eintracht weniger fordernd. Es ist die Entwicklung von der Amour Fou hin zum Fuck-Buddy: Überzogene Erwartungen verbieten sich von selbst. Schützender Skeptizismus macht sich breit. Glück gibt es nicht, weder im Spiel noch in der Liebe. Glück ist nur ein Kunstbegriff für den flüchtigen Zustand, der die vorübergehende Abwesenheit einer höheren Vernunft bezeichnet, die sich aus dem Wissen um die schützende Kraft einer grundsätzlichen pessimistischen Niedergeschlagenheit speist. So überwiegt heute vor jedem Spiel ein ungutes Bauchgefühl. Doch es ist nicht der falsche Pessimismus, den ich vormals pflegte und der mich vor der Enttäuschung nie bewahren konnte. Jetzt bin ich wirklich im Besitz der Wahrheit. Die könnte man auch in drei Worte fassen: „Das wird nichts."

Brillant tanze ich den Erwartungs-Limbo. Die Kunst liegt vor allem in einem Trick: Obwohl man auf der einen Seite die Niederlage leicht nimmt und der Ärger schnell vergeht, auf der anderen den Sieg wie gewohnt auszukosten und das süße Gefühl des Triumphs unterstützend mit in den Alltag zu überführen. Flankiert von dem altbekannten Effekt, den Film der jeweiligen Tore noch mehrere Tage lang mit sich herumzutragen und wiederholt abzuspielen. Manchmal zeigt mein Kopfkino auch Oldies but Goldies: Bick auf Graf, Kopfball zum 3:1 und die Entscheidung in Paderborn 2005. Neulich stand ich in der Schlange an der Supermarktkasse und der Film war plötzlich da. Gestochen scharf und aus einer Superperspektive, denn ich hatte in der Bruchbude von Schloß Neuhaus einen exzellenten Blick auf die Szene gehabt, genau auf der Höhe des Torraums. Ich fürchte, dass die Kundin hinter mir das spontane Freudentänzchen, zu dem ich sie daraufhin mehr nötigte denn bat, irgendwo zwischen den backpfeifenfähigen Hashtags #MeToo, #Aufschrei und #Riesenarschloch einsortierte. Aber das Tor war doch so wichtig!

Es bleibt natürlich ein Widerspruch: Wasch mir den Pelz, aber mach mich nicht nass. Wie soll man die unbedingte Freude fühlen, wenn man sich dem unbedingten Leid verschließt? Fanatismus ist nicht verhandelbar. Er lässt sich nicht ein- und ausschalten wie ein Lichtschalter. Nur lange Jahre der ehrlichen Bitterkeit, des redlichen Zitterns und Zagens, des Zorns, der Frustration und der Trauer, sollte man meinen, vermögen eine der so seltenen Sternstunden angemessen zu bezahlen. Wie zum Beispiel die des 2:0 in Wolfsburg, dem ersten Bundesligasieg seit gefühlt tausend Jahren, ausgerechnet in der Stadt des tausendjährigen Volkswagens. Das sollte man jedenfalls meinen.

Die Lösung ist banal: Mit Betrug und Selbstbetrug kommt man schon ziemlich weit. Was in der Liebe, bei der Messung von Abgaswerten oder im aktiven Sport (Doping) funktioniert, kann auch

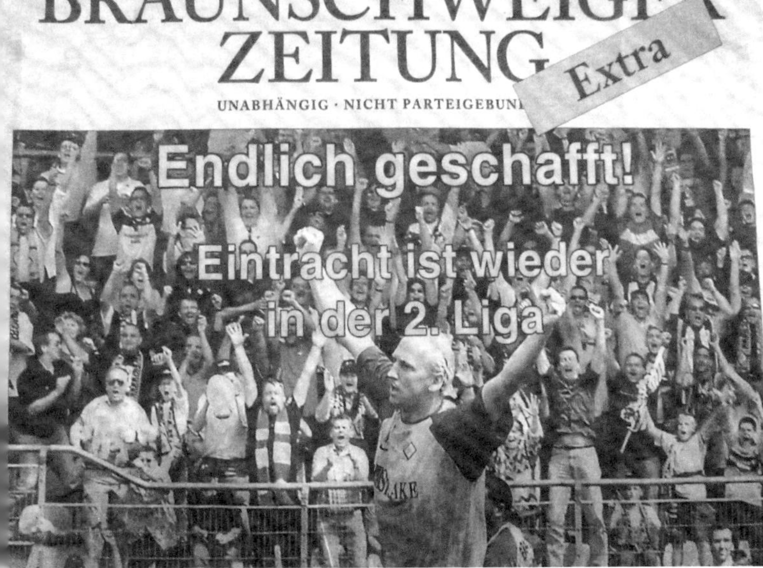

BRAUNSCHWEIGER ZEITUNG Extra

UNABHÄNGIG · NICHT PARTEIGEBUN

Endlich geschafft!

Eintracht ist wieder in der 2. Liga

Komplett freidrehende Momente.

im passiven Sport klappen: im Sieg die Autosuggestion hochfahren, dabei das Atmen nicht vergessen. Im Verlustfall hab ich nichts damit zu tun. Eintracht Braunschweig, was ist das? Und was macht dieser blau-gelbe Aufkleber in meinem Ankleidekabinett? Doch die Methode hat ihre Grenzen. Da ich nun ja vom völligen Wahnsinn kuriert bin, bleiben mir leider auch jene wilden, orgiastischen, komplett freidrehenden Momente verwehrt, wenn die Spannung sich in einer einzigen gewaltigen Explosion entlädt.

Zwangsläufig ergibt sich eine ganz andere Frage: Bin ich überhaupt noch ein richtiger Fan? Zwar verfolge ich in irgendeiner Form nach wie vor jedes Spiel, doch kaum mehr eins im Stadion.

Nur: Wer will das wissen? Und wozu? Wer entscheidet, wer ein „richtiger Fan" ist? Die Fankommission? Wird da alle zwei Jahre ein TÜV-ähnlicher Check durchgeführt, bei dem man die Eintrittskarten vorlegen und den unsäglichen Maradona-Song vorsingen muss? Anschließend Schalprobe: Finden sich ausreichend Spuren von Bier, Senf und Stadionwurst? Und dann werden einem Elektroden angelegt, damit der Pulsschlag und die Herzfrequenz gemessen werden kann, während einem die NDR-Doku über den Meistertitel vorgespielt wird. Als letztes Blutabnahme, um Adrenalin, Endorphine sowie das für die Vereinstreue zuständige Enzym Löwin (Betonung auf der zweiten Silbe) zu bestimmen.

Ist also nur derjenige, der die ganze Zeit in Block 9 steht und auf für Traditionalisten bedenkliche Weise dauersupportet (Kapitel „Tempel") ein „richtiger" Fan? Oft wird ja über Zuschauer hergezogen, die nicht oft genug oder nur bei schönem Wetter kommen, am falschen Platz stehen und die falschen Dinge sagen, beziehungsweise gegen Hummelsbüttel noch nicht dabei waren. Die nicht laut genug schreien und die doch lieber „nach Golfsburg zu den Plastikfans, Klatschpappen, Schraubenlutschern, Radkappen …" gehen sollen, wie die selbsternannten Hundertzwanzigprozentigen gern empfehlen.

Oder ist nicht doch auch jener ruhige ältere Herr ein Fan, der im Garten seiner Datsche in der brandenburgischen Pampa zunehmend gereizt – sind diese Sowjetmenschen nach fast 30 Jahren vielleicht irgendwann mal in der Lage, ihre Fernmeldeinfrastruktur auf wenigstens Drittweltniveau zu bringen??? – versucht, den Liveticker auf seiner Eintracht-App zum Laufen zu bringen?

Die Einstufung ist mir eigentlich relativ wumpe. Dann bin ich halt ein „Fan light". Oft verzichte ich auch auf einen Besuch der Kreuzberger Löwenklause, obwohl ich Zeit hätte. Aber vor der Idee, schon mittags – diese verdammten Zweitliga-Anstoßzeiten! – in einen männermordenden Dunst aus Bier und Zigarettenrauch geworfen zu werden, graust es mir immer öfter. Man ist ja auch nicht mehr der Jüngste und geht immer zügiger aus dem Leim.

Erschwerend kommt hinzu, dass ich auch selbst rauchen und trinken muss, um die Anspannung zu ertragen – alles andere wäre wie nüchtern im brodelnden Bierzelt zu sitzen. Gift hilft. Das betrifft zwar in abgeschwächter Form auch alle anderen Lebensbereiche, doch den Fernsehfußball ganz besonders. Allein komm ich ja nun halbwegs unbeschadet zurecht, doch in Gesellschaft anderer Fans, ob vorm Fernseher oder im Stadion, zernagt mich die Nervosität.

Die Braunschweiger da sind schon ganz nett. Für mich ist das ja längst ein fremdes Völkchen, was Mentalität und Sprache anbelangt. Aber obwohl ich umgekehrt sicher auch einen etwas wunderlichen Eindruck auf sie mache, und mir keine Mühe gebe, meine selbstgewählte Isolation aufzubrechen, grüßt der eine oder andere oder wechselt gar in der Pause vor der Tür ein paar Worte mit mir. Manchmal glaube ich trotzdem, ich bin ihnen nicht ganz geheuer, und sie denken, ich hätte einen Sprenggürtel oder ein Wolfsburg-Trikot unter der Jacke. Einmal ließ mich einer draußen zurück, rannte den anderen ins Lokalinnere hinterher und rief: „Hey, lasst mich nicht mit dem Arschloch allein."

Ich glaube, das war ein Scherz. Und wenn nicht, macht es auch nichts. „Erkenne dich selbst" ist einer meiner Leitsprüche. Ich gehe da sowieso kaum noch hin. Denn ich bin ja jetzt superdistanziert. Die lachen auch so oft. Das geht gar nicht. Bei einem Eintracht-Spiel wird nicht gelacht. Sage ich hier mal so, aus der Distanz heraus. Schließlich stehe ich ja so weit drüber.

Und so saß ich im Mai 2017 seelenruhig bei meiner Freundin auf dem Sofa, obwohl in Bielefeld ein megawichtiges Spiel lief. „Bielefeld gegen Braunschweig gibt es ja doppelt nicht", mag jetzt wieder jemand einwenden, doch das Spiel fand tatsächlich statt. Ich aber war nicht im Stadion und auch nicht in der Löwenklause. Ich saß einfach auf dem Sofa, den Laptop mit irgendeinem Live-Stream von Al Djazeera auf dem Schoß, und zog mir vergleichsweise entspannt diese komplett saisonentscheidende Partie rein.

Ich hatte die Kopfhörer auf, um meine Ruhe zu haben, aber auch um die Frau nicht bei ihren emsigen Verrichtungen zu stören. Ich war weitgehend still, nur ab und an – in Abständen von mal zwei, mal fünf, mal zehn Minuten – stieß ich ein halb verächtliches „Ppphh“ aus. Das war alles.

Wir spielten bei einem Abstiegskandidaten. Bei einem Sieg heute sowie im abschließenden Spiel gegen den bereits als Absteiger feststehenden Tabellenletzten Karlsruhe hätte uns niemand mehr am Aufstieg hindern können. Dann hätten wir Hannover abgehängt, ausgerechnet Hannover. Schade für mich, denn um den Triumph auch vollends auszukosten, hätte man einen Erbfeind ausnahmsweise doch ganz gut gebrauchen können. Aber ich bin in der Beziehung ja leider so wunderbar relaxt.

„Ppphh“, machte ich also bei jedem Gegentor. Genauer gesagt, nicht bei jedem: Beim ersten reagierte ich noch normal: „Scheiße!“ Beim zweiten schwieg ich. Doch ab dem dritten gab es ein „Ppphh“. Vier zu null. Ppphh. Fünf zu null. Ppphh. Sechs zu null. Ppphh. Abpfiff. Ppphh. Aufstieg vergeigt. Ppphh. „Ppphh“ bedeutete: „Mir doch egal“, „Leck mich“, „Dann eben nicht“, „Ich hab’s doch gewusst“ und alles Mögliche andere, das auszusprechen mir die Mühe nicht wert war.

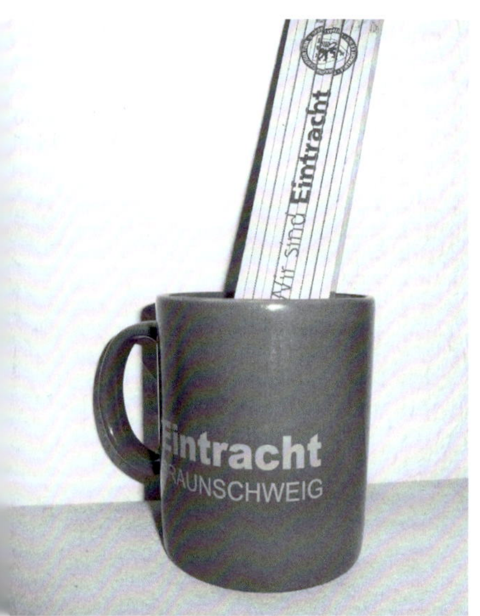

Und anderes habe ich geschenkt bekommen.

Nur noch ein „Ppphh“. Ich will mich nicht aufregen. Ich brauche meine Energie für andere Dinge. Das hier ist nicht die Welt, es ist noch nicht mal mein dummes, kleines Leben.

Meine Freundin traute ja dem Frieden nicht. Bei jedem „Ppphh“ blickte sie besorgt zu mir herüber. Entweder informierte sie sich selbst per Rubbernecking auf meinem Monitor oder schaute mich so lange fragend an, bis ich das „Ppphh“

nun doch ein wenig unwillig knurrend mit drei oder fünf oder was auch immer zu null übersetzte. Für die anderen, by the way. Und sie fragte dann jedes Mal künstlich entrüstet: „Ja, was machen die denn, deine Leute?“, „Das gibt es doch nicht, oder?“, „Wie kann das denn sein? Ich dachte, die anderen wären so schlecht?“ und „Was is heut los mit Brauni?“

Sie sagt in diesem Zusammenhang immer verniedlichend „Brauni“. Und sie sagt, dass sie sich freut, dass ich so lustige Geräusche mache, wenn ich Brauni gucke. Denn sie interessiert sich zwar „absolut null für diesen Scheißfußball“, hat aber fast noch die Zeiten mitgemacht, da die Stimmung spürbar leiden konnte, wenn die Geschicke Braunis in dramatischerem Maß misslangen. Nicht, dass ich laut oder gar gewalttätig geworden wäre. Ich schlage niemanden und habe selbst Angst vor Backpfeifen. Dennoch bedeutet es einen Unterschied für das Beziehungsklima, ob ich eine Scheißlaune habe oder mit einem Strauß giftiger Monsanto-Tulpen für drei Euro den Sugardaddy mime (3:0 gegen Hannover 96 am Sonntag, den 6. April des Jahres 2014 A.D.). Und auf die Scheißlaune hat sie verständlicherweise keinen Bock, wo doch meine Normallaune bereits schlecht genug ist. Würde man ein eigenes Uli-Emoji kreieren, wäre das exakt um einen Level gegen die herkömmlichen Smileys verschoben. Was dort ein Lächeln abbildet, ist bei mir ein horizontaler Strich, was dort der Strich ist, wäre bei mir ein nach unten gebogener Mund, und so weiter … Aber natürlich wundert sie sich. Anstatt mir wehklagend oder fluchend die Haare zu raufen und büschelweise auszurupfen, sitze ich nur ruhig da und mache ab und zu „Ppphh“. Und das bei einem Debakel derart apokalyptischen Ausmaßes, dass der junge Uli sich in der Folge schon hätte achtkantig selbst verbrennen müssen, um auch nur annähernd die Relationen zu wahren. Es hat etwas vom WM-Halbfinale 2014 Deutschland gegen Brasilien. Dieses Gefühl, einem Traum respektive Alptraum beizuwohnen, der soeben wahr wird. Ungläubiges Staunen und erste Ursachenforschung. Die Nerven? Nö, nicht bei einem Team, das ständig in der Nachspielzeit gewann und mit Nervenstärke, Glück und Beharrlichkeit aus seinen Mitteln das Optimum machte. Schiebung? Nicht in einem Spiel dieser Bedeutung. Fußball? Ja, wahrscheinlich einfach Fußball.

Am Bielefelder Co-Trainer Carsten Rumpf lag es hoffentlich nicht, dessen Kabinenansprache vor jenem Spiel mich mit einer

 Mischung aus Ekel und Faszination erfüllte. Nachzuverfolgen ist die Brandrede auf YouTube.

Rumpf steht in der Bielefelder Kabine zwischen seinen Spielern; brüllt sich zunehmend heiser. „Okay, Männer, zuhören: 25.000 sind da draußen und warten, dass ihr gleich explodiert. 25.000! Die beten zu Gott, dass ihr gleich Gas gebt. Dass ihr ein Feuerwerk abfackelt. Aber ein Punkt ist mir noch viel wichtiger, Männer: Wenn ihr nach Hause geht, könnt ihr den ganzen Müll bei euren Frauen, euren Kindern, euren Freundinnen abladen. Alles! Alles, was hier passiert, könnt ihr zu Hause abladen. Und die sind immer für euch da. Immer! Jeden Tag sind die zu Hause. Und heute sitzen sie auf der Tribüne und beten genauso zu Gott wie die andern auch, dass ihr heute ein Feuerwerk abfackelt. Und deswegen ist Katrin drin und nimmt das auf Video auf. Weil sie das jetzt gleich vorm Spiel euren Frauen schickt. Und ihr müsst mir jetzt ein Versprechen leisten, ablassen, dass ihr für eure Familien alles gebt. Alles gebt in den 90 Minuten! Für eure Familien, für eure Kinder werdet ihr jetzt da draußen ackern vom Anfang bis

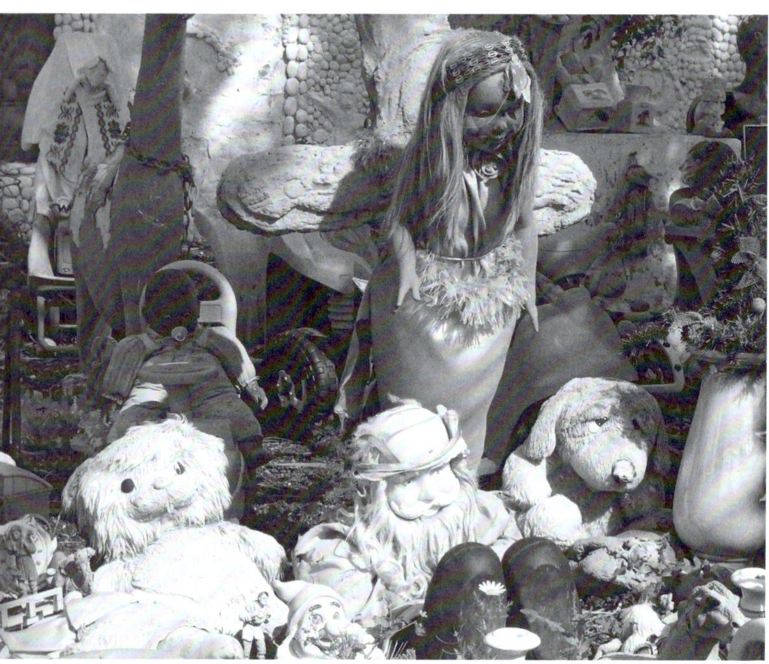

Der Genderwirrwarr ist schlimm.

zum Ende. Und wir werden das Spiel gewinnen! Versprecht ihr mir das?" (Vielstimmige Antwort: „Jaaaa!")

Wollt ihr den totalen Krieg? Jaaa! Was für ein gruseliges Dokument archaischer Prinzipien – live aus dem Bielefelder Sportpalast. Es fehlte nur noch, dass er sich eigens für seine Propagandashow in den Retro-Fummel von Macrons Pappkameraden geworfen hätte. Bezeichnenderweise wimmelt es unter dem Clip von begeisterten Kommentaren irgendwelcher Klone von Egon Coordes oder Werner Lorant. Führer, Volk und Vaterland. Die deutsche Mutter zu Hause. Gott. Der Kaiser. Müller-Milch. Kinder in Kniestrümpfen und Lederhosen, unterm Christbaum das Holzgewehr. Man kann den Müll auf ihnen abladen, das ist praktisch. Die Homolobby ist überall. Ein Junge weint nicht. Der Mercedes ist gut. Der Genderwirrwarr ist schlimm. Der Vater ist im Stadion. Oder im Krieg. Maikäfer flieg.

Der ostwestfälische Haka für Superarme steht exemplarisch für vieles, was mir am Fußball offensichtlich mal gefiel und nun schon eine Weile nicht mehr so recht schmecken will: Es ist nicht nur das Pathos, sondern auch der Männlichkeitswahn. „Toxische Männlichkeit" würde ich jetzt noch ergänzen, wäre ich einer dieser phantasielosen Papageien, die sich nicht schämen, diese mittlerweile fast schon verbeamtete Worthülse noch ein weiteres Mal zu Tode zu recyceln. Zum Glück bin ich das nicht.

Nachdem vorgestern noch alle metrosexuell, androgyn oder falsche Neuner sein wollten, ist pseudovirilies Gegockel wieder groß im Kommen. Gern sind es auch alternde Intellektuelle, die ihre schwindende Manneskraft mit der kernigen Verachtung alles gar zu Komplexen kompensieren möchten. Sie nennen es Meinung. Der manikürte Sesselpuper versucht, die fehlenden Schwielen an den Pfoten in Talk-Shows und Kolumnen durch markig zupackende Worte zu ersetzen. Umso mehr, da mich, äh, ihn das Alter verunsichert und ebendiese Männlichkeit in Frage stellt – es ist das gespiegelte Phänomen des adoleszenten Mannes, der sich auf seine Weise selbst nicht sicher ist. Donald Trump und sein „Locker Room Talk" oder Christoph Daums Ausfälle gegen Homosexuelle: Der Sport spielt solchen Attitüden traditionell gern in die Karten.

Das alles konstatiere ich natürlich nur im Rahmen dieser Geheimschrift. Hier sind wir ja unter uns. Denn ich täte mir keinen Gefallen damit, mein Herrschaftswissen allzu laut hinauszuposaunen. Man sieht sich schon genügend Anfeindungen der Uneinsichtigen ausgesetzt. So höre ich sie ja bereits wieder maulen: „Was willst du eigentlich? Du bist doch gar nicht nah genug dran. Und überhaupt bist du auch kein echter Fan. Du kannst das doch alles gar nicht richtig beurteilen."

Ich lasse mir nichts anmerken, sondern setze mein generösestes Sonntagslächeln auf. Und antworte mit akzentuierter und zugleich weicher Stimme, wie man sie aus Filmen kennt, wenn Polizeipsychologinnen in einem megaungemütlichen Setting (Dauerregen, Abgrund, Trommelfeuer) gefährliche Psychopathen davon abhalten müssen, sich und andere unglücklich zu machen: „Doch. Denn erstens sieht man die Dinge aus der Distanz oft besser als aus der Nähe. Zum Beispiel, wie viel Sympathie und Bewunderung der Eintracht außerhalb Braunschweigs für das Projekt Lieberknecht entgegenschlägt, und wie katastrophal es wäre, das aus schierer Ungeduld einfach wegzuwerfen. Zweitens hab ich Danilo Popivoda schon bei seinen unnachahmlichen Tempodribblings auf den Hintern gestarrt, da wart ihr noch nicht mal eine schmutzige Idee in den Köpfchen eurer Eltern. Drittens kann es auch sehr schön und befreiend sein, einmal überhaupt keine Ahnung zu haben – probiert es ruhig aus und lasst euch einfach mal ins Ungewisse fallen, es wird euch weich auffangen. Und viertens und letztens: Rabäh, rabäh, rabäh! Ich fahr erst mal in Urlaub."

Auf der griechischen Insel Naxos ist es im Oktober wunderschön. Ich kann mich erholen und nebenher ein bis zwei Stunden am Tag an dieser Fibel schreiben. Leider nur morgens, denn nach dem abendlichen Retsina geht außer Netflix oder Lesen gar nichts mehr. Ich schreibe ja ausschließlich nüchtern, aber ich finde es gut, dass man das den Texten nicht anmerkt.

Früher bin ich während der Saison ungern verreist. Ohne mich geht doch zu Hause alles schief mit der Eintracht. Also, mit mir am Ende meistens auch, aber ohne mich wäre es wahrscheinlich noch viel schlimmer geworden: Doppelabstieg. Erdbeben. Der Mannschaftsbus wird von Straßenräubern überfallen. Kreuzbandriss von allen auf einmal.

Am fast leeren Strand ist zum Glück das Netz gut. Ich denke sogar rechtzeitig dran, dass es in Deutschland eine Stunde früher ist. Laut Liveticker spielt Braunschweig gegen St. Pauli die beste Halbzeit der bisherigen Saison. Chancen über Chancen gegen einen offenbar trägen und überforderten Gegner. Und dann: Elfmeter.

Verschossen. Wie eigentlich immer. Seit Jahren werden so gut wie alle Elfmeter verschossen. Wie ist das möglich? Was für eine Vollmeise kann man als Mannschaft eigentlich haben, wenn man durch die Bank sämtliche Elfmeter verballert, als stünde man betrunken an der Schießbude auf dem Rummelplatz? Warum tun die mir das an? Das ist doch fucking nicht normal! Ich merke, wie ohnmächtiger Zorn in mir aufsteigt. Zwei unserer Spieler haben sich dazu verletzt; in der zweiten Hälfte ist der Schwung dahin. 0:1 in der 78. Minute. 0:2 in der 80. Minute. Die freuen sich bestimmt. Scheiß-St. Pauli!

Das alles stinkt mir jetzt doch ganz gewaltig. Schade um den schönen Urlaubstag. Die Laune ist komplett dahin – ich kann nichts dagegen machen. Ich ärgere mich maßlos und des Weiteren

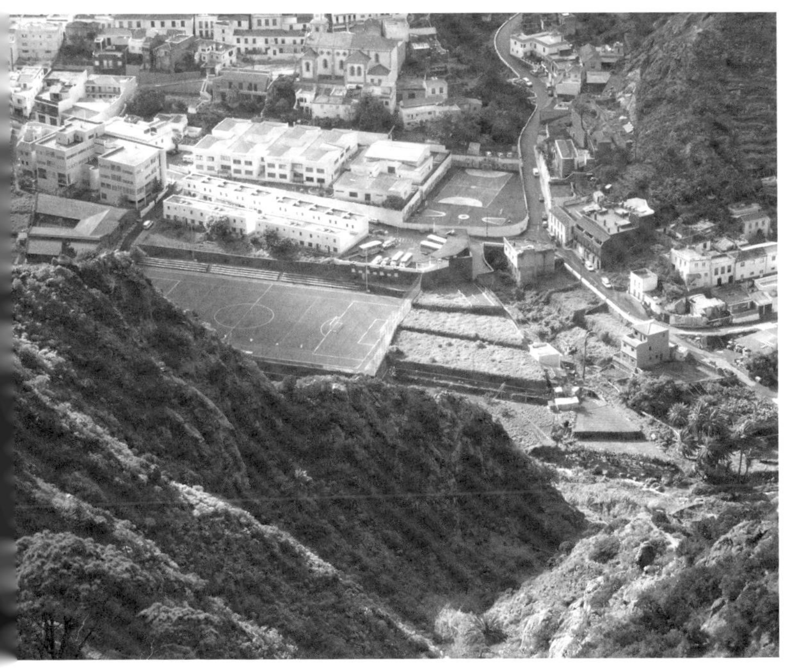

Schade um den schönen Urlaubstag.

ärgere ich mich maßlos darüber, dass ich mich so maßlos über einen Scheißdreck ärgere. Was für ein blöder Rückfall! Ich war doch geheilt. Ich bin doch im Urlaub. Hier ist es doch schön. Da muss ich mir doch nicht mehr diese künstlichen Katastrophen zu eigen machen, die nicht das Geringste mit mir zu tun haben. Allerdings merke ich auch mal wieder, dass ich im Stadion und selbst vor dem Fernseher ein bisschen besser mit dem Elend klarkomme als auf so abstraktem Wege wie dem Liveticker auf dem Smartphone. Das hat so was von einem zugelosten Todesurteil. Im Stadion liest man das Spiel und sieht das Unglück aus Erfahrung kommen. Man ist vorbereitet.

Einen Rückfall muss man hinnehmen wie das Wetter. Er kommt und er geht. Kurz analysieren und dann abhaken. Schwamm drüber. Es geht immer irgendwie weiter.

Ich nehme mal an, es handelt sich einfach um Reflexe, über Jahrzehnte hinweg konditioniert und nunmehr in den letzten vegetativen Zuckungen. Wie ein Huhn, das mit abgeschlagenem Kopf noch einmal quer über den ganzen Hof rennt. Nur dass ich dazu aus vollem Hals (der Kopf ist ja weg) „Eintracht!“ schreie.

In der Reihe Bibliothek des Deutschen Fußballs sind bereits erschienen:

Bd. 1 1. FC Union Berlin (Jörn Luther)
Bd. 2 SV Babelsberg 03 (Rico Noack)
Bd. 3 BFC Dynamo (Marco Bertram)
Bd. 4 FC Energie Cottbus (Jens Batzdorf)
Bd. 5 1. FC Lokomotive Leipzig (Freundeskreis Probstheida)
Bd. 6 BSG Chemie Leipzig (Alexander Mennicke)
Bd. 7 1. FC Magdeburg (Jente Knibbiche)
Bd. 8 F.C. Hansa Rostock (Marco Bertram)
Bd. 9 1. FC Nürnberg (Benjamin Wolf)
Bd. 10 FC Rot-Weiß Erfurt (Matthias Klaß)
Bd. 11 1. FC Köln (Andreas Merkel)
Bd. 12 SG Dynamo Dresden (Uwe Leuthold)
Bd. 13 FC Sankt Pauli (Fabian Fritz & Gregor Backes)
Bd. 14 SV Waldhof Mannheim (Andi Nowey)
Bd. 15 FC Carl Zeiss Jena (Jörg Dern & Toni Schley)
Bd. 16 FC Bayern München (Marcel Neudeck)
Bd. 17 Borussia Mönchengladbach (Steffen Andritzke)
Bd. 18 Eintracht Braunschweig (Uli Hannemann)
Bd. 19 S.C. Fortuna Köln (Heribert Rösgen & Matthias Langer)
Bd. 20 FSV Frankfurt (Franziska Blendin)
Bd. 21 BSG Wismut Gera (Mario Krüger)
Bd. 22 FSV Zwickau (Norbert Peschke)